Operations Research kompakt

von
Michael Sauer

Oldenbourg Verlag München

Bibliografische Information der Deutschen Nationalbibliothek

Die Deutsche Nationalbibliothek verzeichnet diese Publikation in der Deutschen Nationalbibliografie; detaillierte bibliografische Daten sind im Internet über <http://dnb.d-nb.de> abrufbar.

Rosenheimer Straße 145, D-81671 München
Telefon: (089) 45051-0
oldenbourg.de

Lektorat: Wirtschafts- und Sozialwissenschaften, wiso@oldenbourg.de
Herstellung: Dr. Rolf Jäger
Coverentwurf: Kochan & Partner, München
Cover-Illustration: Hyde & Hyde, München
Gedruckt auf säure- und chlorfreiem Papier
Gesamtherstellung: Books on Demand GmbH, Norderstedt

ISBN 978-3-486-59082-1

Inhaltsverzeichnis

Kapitel 1

Einführung

Weiterführende Literatur:

Laux, H.: „Entscheidungstheorie"(2007), Kapitel 1.

Lernziele: Nach Abschluss dieses Kapitels sollen Sie...

...wichtige Grundlagen der Entscheidungstheorie verstanden haben.

...das Prinzip der Ergebnismatrix erfasst haben.

....zu einem spezifischen Sachverhalt eine Ergebnismatrix aufstellen können.

...in der Lage sein, Zielbeziehungen zu erkennen.

...die Konsequenzen dieser Zielbeziehungen für die Zielerreichung verstanden haben und behandeln können.

1.1 Vorwort

Entscheidungen müssen tagtäglich getroffen werden, von Individuen, Personengruppen, Institutionen, Staaten und Staatengemeinschaften. Daher verwundert es wenig, dass sich der Mensch schon lange mit Entscheidungsmethoden, Werkzeugen zur Entscheidungsunterstützung, beschäftigte. Bereits sehr früh wurde Entscheidungstheorie als wissenschaftliche Disziplin betrieben. Entscheidungsmethoden haben des Weiteren in den letzten Jahrzehnten ständig an Bedeutung hinzugewonnen. Zudem gibt es nicht viele wirtschaftswissenschaftliche Themengebiete, deren Methoden und Erkenntnisse derart nützlich für das alltägliche Leben sind wie die der Entscheidungsmethoden. Tagtäglich stehen Menschen vor der Wahl, ob sie ein Produkt kaufen sollen oder nicht, einen Anruf tätigen sollen oder nicht... Die Liste kann von jedem Einzelnen beliebig verlängert werden.

Dieses Buch soll eine Einführung in die Methoden der Entscheidungstheorie bieten, dabei weniger ein Lehr- als vielmehr ein Lernbuch sein, als Wegweiser und Landkarte durch die Welt der Alternativen, Auswahlmöglichkeiten, -methoden und der daraus resultierenden Ergebnisse.

1.2 Anwendungsbeispiel

Nach ihrem Abitur sind die drei Freunde **A**chmed, **L**ayla und **I**ngo verschiedene Wege gegangen: Während der optimistische Achmed erst einmal abschalten wollte und sich mit Jobs im Einzelhandel ein Jahr über Wasser hielt, um anschließend ein kaufmännisches Studium zu beginnen, hat die pessimistische Layla eine Ausbildung zur Köchin begonnen und Ingo Veranstaltungsmanagement studiert. Allerdings ist keiner mit seinem Beruf wirklich glücklich. Als sie sich nach fünf Jahren auf einem Klassentreffen wiedersehen, fassen sie spontan den Beschluss, das erste Luxus-Döner-Restaurant Deutschlands in Frankfurt zu gründen. Firmieren möchten Sie unter dem Logo

Abbildung~1.1: Logo von „ALI"

Es gilt immer wieder, Entscheidungen zu treffen. Diese können sehr verschiedenartig sein, wie die nächsten Kapitel zeigen.

1.3 Inhaltsüberblick

Im Anschluss an diesen Überblick werden einige Grundbegriffe der Entscheidungstheorie erläutert. Dies ist nötig, um in einer Fachsprache kommunizieren zu können und einheitliche Definitionen und Vorstellungen von Fachtermini zu erhalten.
Hieran schließen sich Individualentscheidungen an. Erster Punkt dieses Gliederungsabschnittes sind Entscheidungen mit einer Zielfunktion unter Sicherheit. In diesem Fall ist es möglich, die Lösung mithilfe des sogenannten „Simplex-Verfahrens" zu berechnen. Das Ergebnis kann mithilfe der sogenannte „Sensitivitätsanalyse" näher untersucht werden. Im Anschluss daran wird die Prämisse von Sicherheit aufgehoben und Entscheidungen unter Unsicherheit betrachtet, wobei allerdings davon ausgegangen wird, dass alle möglichen Zukunftszustände gleich wahrscheinlich sind. Diese Annahme wird im weiteren Verlauf bei der Untersuchung von Entscheidungen unter Risiko ebenfalls aufgehoben.
In der Spieltheorie wird die Festlegung der Umwelt als einziger (neutraler) Gegenspieler aufgegeben und in die Entscheidungsfindung bei Vorhandensein strategisch agierender Gegenspieler eingeführt.
Hierauf folgt die Regressionsanalyse, die den linearen Zusammenhang zwischen zwei Größen unter stochastischen Bedingungen beschreibt. Diese Stochastik kann sowohl auf das Verhalten von Gegenspielern als auch auf andere Umwelteinflüsse zurückgeführt werden. Abschließend werden Netzpläne zur Modellierung von Arbeitsabläufen und zur Zeitplanung erläutert.

1.4 Einige Grundlagen

1.4.1 Grundbegriffe der Entscheidungstheorie

Ingo ist ein Mann der Tat und möchte möglichst schnell zur Geschäftseröffnung gelangen. Hierzu müssen allerdings zuerst einmal Räume angemietet werden. Er durchsucht die Anzeigen eines lokalen Immobilienberaters und besucht diesen später. Es entspinnt sich folgendes Gespräch:
INGO: „Guten Tag, können Sie mir weiterhelfen?"
BERATER: „Was suchen Sie denn genau?"
INGO: „Meine Freunde und ich möchten ein Restaurant eröffnen."
BERATER: „Zentrale Lage oder eher Stadtrand?"
INGO: „Es soll luxuriös werden. Zentrale Lage also."
BERATER: „Wie viele m^2 sollte es denn haben?"
INGO: „100 im öffentlichen Bereich, 30 in der Küche, 30 für die Toiletten, mindestens."
BERATER: „Wir hätten derzeit diese drei Objekte..."
Dieses Beispiel illustriert das Grundproblem der Entscheidungstheorie:
Ein Entscheidungssubjekt (Entscheider, Ingo) steht vor mehreren Handlungsalternativen (Immobilienalternativen). Jede dieser Alternativen führt zu einem anderen **Ergebnis** (Attraktivität des Restaurants, Besucherzahlen).
Der gewünschte **Endzustand** (Besitzer eines florierenden Restaurants) soll sich auf jeden Fall vom **Ausgangszustand** (langweiliger Beruf) unterscheiden. Die Entscheidung soll dazu führen, dass der Ausgangszustand in den Endzustand überführt wird.

1.4.2 Entscheidungsprozess

Der Entscheidungsprozess besteht aus mehreren Phasen:

- Problemerkennung („Wir brauchen Räume")
- Zielformulierung (günstige Räume in guter Lage für viele Gäste)
- Alternativengenerierung (Auswahl interessanter Objekte)
- Alternativenvergleich (Vergleich der Größe, Ausstattung, Lage)
- Entschluss/Entscheidung (Auswahl einer Alternative)
- Realisierung (Mieten der Immobilie beim Makler)
- Kontrolle (Kosten und Gästezahl in erwarteter Höhe?)

1.4.3 Zielsystem der Entscheidungstheorie

Ziele ergeben sich aus individuellen Wertvorstellungen. So könnten die Gründer von „ALI" bspw. das Ziel verfolgen, ihren eigenen Profit zu erhöhen und dafür billige Rohstoffe (Fleisch, Gemüse,...) einkaufen. Sie könnten auch versuchen, sich mehr zu spezialisieren und aus diesem Grund ausschließlich Lebensmittel aus biologischem Anbau einkaufen. Eine weitere Möglichkeit wäre, das soziale Prestige zu steigern, indem ein Großteil der Gewinne an die örtliche Suppenküche für Obdachlose gespendet wird.
Häufig werden mehrere Ziele, bspw. Prestige, Gewinn und soziales Engagement, gleichzeitig verfolgt. Zwischen diesen Zielen können folgende Beziehungen bestehen:

- Komplementäre Ziele

  Die Erhöhung bei der Zielerreichung des einen Ziels führt ebenfalls zu einer Erhöhung bei der Zielerreichung des anderen. Grafisch kann dies bspw. folgendermaßen dargestellt werden:

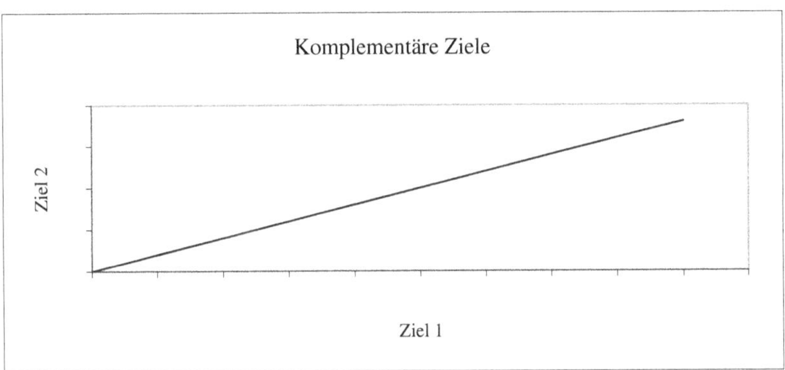

Abbildung~1.2: Grafische Darstellung komplementärer Ziele

- Konkurrierende Ziele

  Die Erhöhung der Zielerreichung des einen Ziels führt zu einer Senkung der Zielerreichung des anderen. Es ergibt sich die nachfolgende Darstellung:

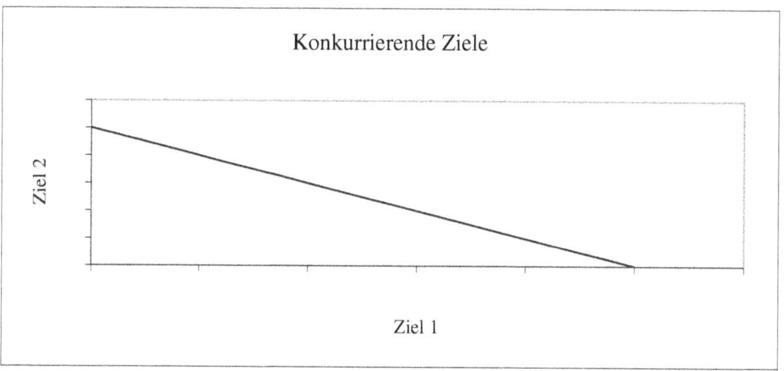

Abbildung~1.3: Grafische Darstellung konkurrierender Ziele

- Indifferente Ziele

  Die Realisierung des einen Ziels ist unabhängig von der Realisierung des anderen. Dies kann folgendermaßen illustriert werden:

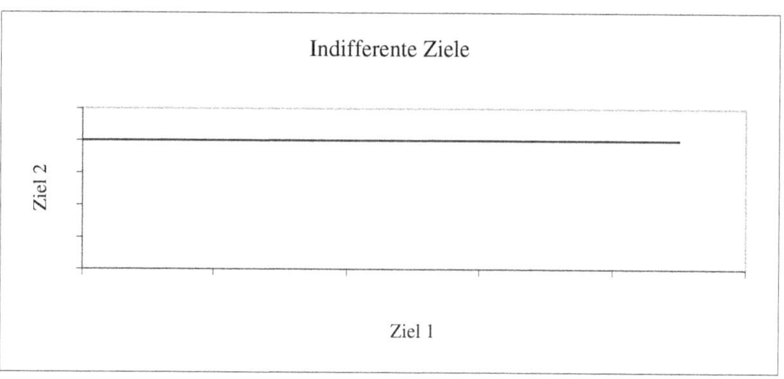

Abbildung~1.4: Grafische Darstellung indifferenter Ziele

Beispiel:

Bei „ALI" werden die beiden Ziele Gewinn (G) und Zufriedenheit der Angestellten (Z) verfolgt. G ist das wichtigste Ziel. Prinzipiell sind beide Ziele voneinander unabhängig (indifferent).

Indifferente Ziele können auf dreierlei Weise behandelt werden:

- Nur das wichtigste Ziel wird berücksichtigt, alle anderen Ziele werden vernachlässigt:
  $\max.\ G = ...$
- Das wichtigste Ziel wird verfolgt, für alle anderen Ziele aber ein Mindestniveau $\overline{Z}$ vorgegeben:
  $\max.\ G = ...$
  $s.\ c.\ Z = \overline{Z}$
- Die einzelnen Ziele werden gewichtet in einer einzigen Zielfunktion zusammengefasst:
  $\max.\ A = \lambda \cdot G + (1 - \lambda) \cdot Z$

Die oben dargestellten Grafiken dienen nur der Illustration. So kann es auch sein, dass die Beziehung der Zielerreichung nicht linear ist. Wenn sie hyperbolisch ist, so hat die Zielbeziehung das folgende Aussehen:

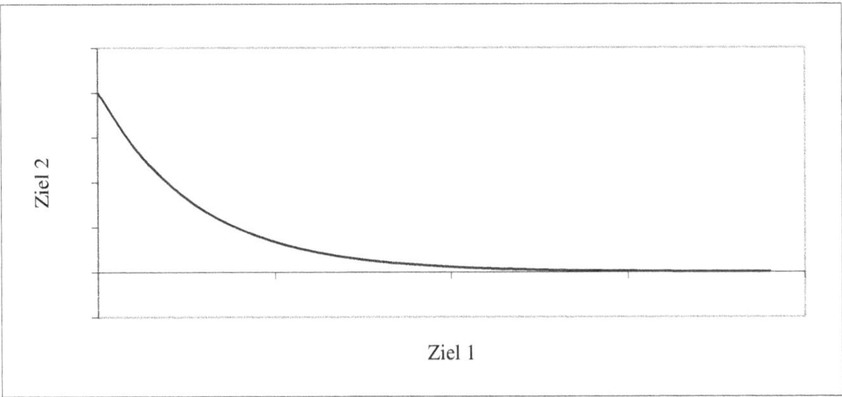

Abbildung~1.5: Grafische Darstellung möglicher konkurrierender Ziele bei nicht-linearer Zielbeziehung

Es kommt auf das Prinzip an: Bei komplementären Zielen wird das eine Ziel begleitend zum anderen Ziel erreicht („irgendeine Zunahme"), bei konkurrierenden Zielen wird das eine Ziel weniger erreicht wenn das andere mehr erreicht wird („irgendeine Abnahme"), bei indifferenten Zielen ist die Zielerreichung des einen Ziels von der des anderen unabhängig.
Schauen wir uns zur Wiederholung nun die drei Ziele Umweltschonung, Gewinnmaximierung und Senkung der Mitarbeiterzahl an:
Es bestehen die folgenden Zusammenhänge:

- Umweltschonung (U) und Gewinnmaximierung (G):
  Umweltschonung kostet Geld.
- Umweltschonung (U) und kleinere Mitarbeiterzahl (M):
  Die Größen sind voneinander unabhängig.
- Gewinnmaximierung (G) und kleinere Mitarbeiterzahl (M):
  Weniger Mitarbeiter→ geringere Kosten→ höherer Gewinn oder
  Weniger Mitarbeiter→ geringerer Service→ unzufriedenere Kunden→ geringerer Gewinn

Die Ergebnisse können in einer Übersicht zusammengefasst werden:

	U	G	M
U		konkurrierend	indifferent
G	konkurrierend		komplementär/konkurrierend
M	indifferent	komplementär/konkurrierend	

Wie in dem Beispiel deutlich wird, können für einen Zusammenhang verschiedene Zielbeziehungen vorliegen. Wichtig ist nur, dass sich die Entscheidungsträger, soweit es mehrere sind, über diese Beziehungen unterhalten. Viele Probleme können im Dialog bereits beseitigt werden.

1.4.4 Ergebnismatrix

Die Ergebnismatrix fasst die Ergebnisse (Konsequenzen) E_{ijk}, die sich bei Realisierung der Alternativen $i = 1, ..., m$ in den Umweltzuständen $j = 1, ..n$ für die Ziele $k = 1, ..., o$ ergeben, in einer Matrix zusammen. Diese sogenannte „Ergebnismatrix" besitzt im Allgemein folgendes Aussehen:

Umweltzustand		U_1				U_2				...	U_n			
Alternative	Ziel	Z_1	Z_2	...	Z_o	Z_1	Z_2	...	Z_o	...	Z_1	Z_2	...	Z_o
A_1		E_{111}	E_{112}	...	E_{11o}	E_{121}	E_{122}	...	E_{12o}	...	E_{1n1}	E_{1n2}	...	E_{1no}
A_2		E_{211}	E_{212}		E_{21o}	E_{221}	E_{222}		E_{22o}	...	E_{2n1}	E_{2n2}		E_{2no}
⋮		⋮	⋮	⋮	⋮	⋮	⋮	⋮	⋮	...	⋮	⋮	⋮	⋮
A_m		E_{m11}	E_{m12}		E_{m1o}	E_{m21}	E_{m22}		E_{m2o}	...	E_{mn1}	E_{mn2}		E_{mno}

Abbildung~1.6: Formale Darstellung der Ergebnismatrix

Die Zielerreichung wird kardinal/quantitativ gemessen, es handelt sich also um Zahlengrößen, je mehr desto besser. Betrachten wir beispielhaft wieder die Ziele Umweltschonung, Gewinnmaximierung und Senkung der Mitarbeiterzahl. Um diese zu erreichen, schlägt Ingo drei Alternativen vor:

1. Das Angebot von besonderen Abendveranstaltungen, bei denen auch wiederverwendbare Materialien zum Mitnehmen der Speisen verwendet werden;

2. Die frühere Schließung des Restaurants;

3. Die Einführung eines Bringdienstes für Speisen.

Zudem gibt es zwei mögliche Umweltzustände:

1. sinkende Energiepreise

2. steigende Energiepreise

Hieraus ergibt sich die folgende Ergebnismatrix:

	Sinkende Energiepreise			Steigende Energiepreise		
	U	G	M	U	G	M
Abendveranstaltungen	-5	30	-10	-5	20	-10
frühere Schließung	5	-20	10	5	-22	10
Bringdienst	-20	50	-20	-20	30	-20

Die Zahlen der Ergebnisse sind in dieser Matrix frei erfunden. Wenn konkrete Werte bekannt sind, müssen diese selbstverständlich verwendet werden.
Idee:
Abendveranstaltungen belasten die Umwelt nur gering (Strom, Heizung). Es werden weitere Mitarbeiter benötigt. Das Ziel der Mitarbeitersenkung wird verfehlt, allerdings führt dies zu höheren Einnahmen und somit zu höheren Gewinnen.
Eine frühere Schließung des Restaurants schont die Umwelt (Heizungseinsparung). Zudem werden weniger Mitarbeiter benötigt, allerdings sinken auch die Einnahmen und somit der Gewinn.
Der Bringdienst verbraucht Benzin und belastet die Umwelt, es müssen zudem neue Mitarbeiter eingestellt werden. Die Benzinkosten (Energie) beeinflussen den Gewinn.
Die Energiepreise führen zu verschiedenen Gewinnwerten.

Kapitel 2

Lineare Zielfunktion unter Sicherheit (Grundlagen)

Weiterführende Literatur:

Ohse, D.:„Mathematik für Wirtschaftswissenschaftler - Teil 2" (2002), Kapitel 8,

Gohout, W.: „Operations Research" (2007), Kapitel 4.

Lernziele: Nach Abschluss dieses Kapitels sollen Sie...

...lineare Maximierungsprobleme grafisch lösen können.

...diese mathematisch formulieren, in das Simplex-Tableau überführen und lösen können.

...Basislösungen angeben können.

Im Fall von Sicherheit wird der allgemeine Fall der Ergebnismatrix derart eingeschränkt, dass $n = 1$ angenommen, also nur ein Umweltzustand betrachtet wird. Zudem wird nur von einem Ziel ausgegangen ($o = 1$). Allerding gibt es unendlich viele Alternativen ($m = \infty$), da die Einflussfaktoren Zahlen sind. In diesem Fall kann die Lösung grafisch und analytisch (rechnerisch) ermittelt werden. Für die rechnerische Ermittlung wird das sogenannte „Simplexverfahren" („Simplexalgorithmus") verwendet. Probleme dieser Form werden häufig "LP-Probleme"[1] genannt.

In der Praxis findet das Verfahren überall dort Anwendung, wo lineare Zielfunktionen in Verbindung mit linearen Nebenbedingunen vorliegen. Dies ist bspw. bei der Ermittlung des optimalen Produktionsprogramms (Ziel: Gewinn/Umsatz/Deckungsbeitrag maximieren, Nebenbedingungen: Kapazitätsrestriktionen) und des optimalen Absatzprogramms (Ziel: Gewinn/Umsatz/Deckungsbeitrag maximieren oder Kosten minimieren, Nebenbedingungen: Absatzrestriktionen (Absatzobergrenzen/Sättigungsmengen)) der Fall.

[1] LP: Lineare Programmierung.

2.1 Fallbeispiel

„ALI" möchte zum Firmenstart mit 2 Produkte in den Markt eintreten, den Dönervarianten „Standard" und „Spezial". „Standard" wird zu einem Preis von 3 EUR und „Spezial" zu 4 EUR verkauft. Der Brotofen hat eine Kapazität von 500 Fladenbroten/Tag, für „Standard" werden 100 g und für „Spezial" 250 g Fleisch benötigt. Aufgrund von Lieferverträgen stehen jeden Tag 50 kg Fleisch zur Verfügung. „Standard" enthält 100 g Gemüse, „Spezial" 200 g. Das Gemüse wird in einem Bioladen gekauft, der allerdings nur 40 kg zur Verfügung stellen kann.

2.2 Mathematische Formulierung des Optimierungsproblems

Der Sachverhalt kann folgendermaßen mathematisch beschrieben werden:
Wenn wir mit x_1 die Zahl der „Standard"-Döner und mit x_2 die der „Spezial"-Döner bezeichnen, dann lautet

- die Zielfunktion: $Umsatz = U = 3 \cdot x_1 + 4 \cdot x_2$
- die Brotrestriktion: $x_1 + x_2 \leq 500$
- die Fleischrestriktion [kg]: $0,1 \cdot x_1 + 0,25 \cdot x_2 \leq 50$
- die Gemüserestriktion [kg]: $0,1 \cdot x_1 + 0,2 \cdot x_2 \leq 40$
- Nicht-Negativitätsrestriktion: $x_1, x_2 \geq 0$

2.3 Grafische Lösung

Die grafische Lösung erfolgt in vier Schritten:

1. Auflösen der Restriktionen nach x_2

   Es ergibt sich für die

   - Brotrestriktion: $x_2 \leq 500 - x_1$
   - Fleischrestriktion: $x_2 \leq 200 - 0,4 \cdot x_1$
   - Gemüserestriktion: $x_2 \leq 200 - 0,5 \cdot x_1$

2. Zeichnen des Koordinatensystems und Einzeichnen der Restriktionen. Das Ergebnis ist der zulässige Bereich (eine konvexe Fläche/Figur)

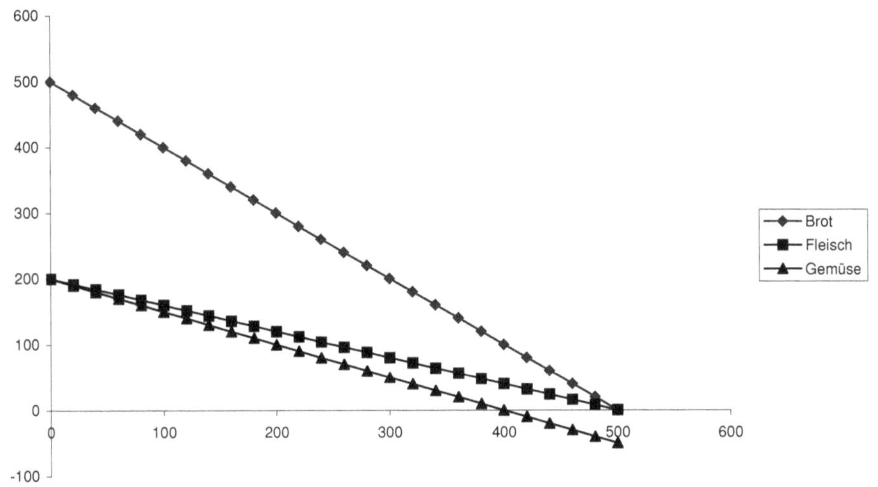

Abbildung~2.1: Zulässiger Bereich des Beispiels

3. Gleichsetzen der Zielfunktion mit einem festen Wert, bspw. 400, Auflösen der Zielfunktion nach x_2 und Einzeichnen in das Koordinatensystem.

$U = 400 = 3 \cdot x_1 + 4 \cdot x_2 \Rightarrow x_2 = 100 - 0,75 \cdot x_1$

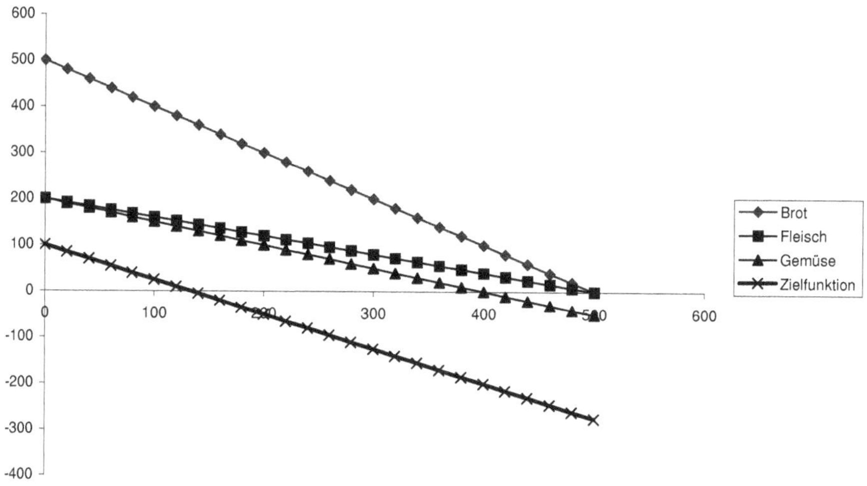

Abbildung~2.2: Zulässiger Bereich mit Zielfunktion des Beispiels

4. Verschieben der Zielfunktion nach rechts-oben, bis die äußerste Ecke des zulässigen Bereichs erreicht ist.

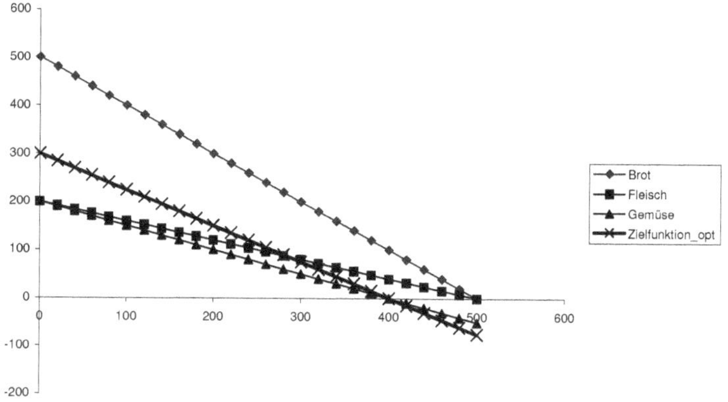

Abbildung~2.3: Lösung des Beispiels

Die Lösung ist also $x_1 = 400, x_2 = 0, U = 3 \cdot 400 + 4 \cdot 0 = 1200$.

2.3.1 Elimination redundanter Restriktionen

Die Lösungsfindung kann vereinfacht werden, indem in einem ersten Schritt die redundanten (überflüssigen) Restriktionen eliminiert werden. Besonders dann, wenn diese direkt erkennbar sind. Restriktionen sind genau dann redundant, wenn sie nicht zu einer Einschränkung des zulässigen Bereichs führen.

Im vorliegenden Beispiel hat die Brotrestriktion den zulässigen Bereich nicht weiter eingeschränkt, da sie weit außerhalb liegt. Sie hätte also nicht berücksichtigt werden müssen. Nach der Umformung wird schnell ersichtlich, dass die Brotrestriktion weniger streng ist als die Fleischrestriktion. Das Streichen redundanter Restriktionen senkt den Arbeitsaufwand erheblich und führt somit zu einer schnelleren Lösungsfindung.

2.4 Lösung durch Ausprobieren

Zeichnerische Lösungen können bei vielen Variablen sehr komplex werden, da Zeichnungen ggf. 4-, 5- oder höher dimensional-angefertigt werden müssen. Wir werden nun versuchen, das Problem durch Probieren zu lösen.
Es gibt hierfür zwei einfache Methoden:

2.4.1 Methode 1

Es liegt nahe, von einem Produkt am meisten zu produzieren. Nehmen wir hierzu zuerst das Produkt mit dem höchsten Preis, also x_2.
Wir haben also einen Weg eingeschlagen, der den Umsatz am stärksten erhöht.
Würden wir nur x_2 produzieren (also $x_1 = 0$), so ständen die Kapazitäten noch vollständig für die Produktion des zweiten Produkts zur Verfügung und es würde für die maximale Produktionsmenge von x_2 gelten:

- die Brotrestriktion: $1 \cdot 0 + 1 \cdot x_2 \leq 500$ (freie Kapazitäten: 500) $\Rightarrow x_2 \leq 500$
- die Fleischrestriktion [kg]: $0,1 \cdot 0 + 0,25 \cdot x_2 \leq 50$ (freie Kapazitäten: 50) $\Rightarrow x_2 \leq 200$
- die Gemüserestriktion [kg]: $0,1 \cdot 0 + 0,2 \cdot x_2 \leq 40$ (freie Kapazitäten: 40) $\Rightarrow x_2 \leq 200$

Fleisch- und Gemüserestriktion sind also Engpässe. Es können $\min\{500, 200, 200\} = 200$ Stück von x_2 produziert werden. (Es muss das Minimum verwendet werden, da im Döner alle Zutaten enthalten sein müssen.)
Der Umsatz ist in diesem Fall $U = 4 \cdot 200 = 800$.
Würden wir von x_2 50 Stück weniger produzieren, also nur 150 Stück, so ergäben sich freie Kapazitäten bei

- der Brotrestriktion: $500 - 150 = 350$,
- der Fleischrestriktion [kg]: $50 - 0,25 \cdot 150 = 12,5$,
- der Gemüserestriktion [kg]: $40 - 0,2 \cdot 150 = 10$.

Hieraus folgt, dass von x_1 folgende Mengen bei voller Ausschöpfung der jeweiligen Restriktion produziert werden könnten:

- Brotrestriktion: $1x_1 + 150 \leq 500 \Rightarrow 1x_1 \leq 350 \Rightarrow x_1 = \frac{350}{1} = 350$
- Fleischrestriktion [kg]: $0,1 \cdot x_1 + 0,25 \cdot 150 \leq 50 \Rightarrow x_1 = \frac{12,5}{0,1} = 125$
- Gemüserestriktion [kg]: $0,1 \cdot x_1 + 0,2 \cdot 150 \leq 40 \Rightarrow x_1 = \frac{10}{0,1} = 100$

Es könnten also $\min\{350, 125, 100\} = 100$ Stück vonx_1 produziert werden. Es ergibt sich ein Umsatz in Höhe von
$U = 3 \cdot 100 + 4 \cdot 150 = 900 > 800$.
Der Umsatz wurde gesteigert. Es sollte also versucht werden, ob durch eine weitere Reduktion der Produktion von x_2 der Gewinn weiter erhöht werden kann. Dieser Lösungsansatz ist allerdings sehr zeitaufwändig und daher nicht zu empfehlen.

2.4.2 Methode 2

Ein weiterer Lösungsansatz ist der folgende:
Optimale Lösungen nutzen immer mehrere Nebenbedingungen voll aus (liegen also in einer Ecke, einem Schnittpunkt von Nebenbedingungen).
Werden die Nicht-Negativitätsbedingungen berücksichtigt, so gibt es in diesem Problem drei Ecken: $(0; 0)$, $(400; 0)$, $(0; 200)$

- Der Zielfunktionswert in der Ecke $(0; 0)$ beträgt $U = 3 \cdot 0 + 4 \cdot 0 = 0$

  Der Zielfunktionswert in der Ecke $(400; 0)$ beträgt $U = 3 \cdot 400 + 4 \cdot 0 = 1200$
- Der Zielfunktionswert in der Ecke $(0; 200)$ beträgt $U = 3 \cdot 0 + 4 \cdot 200 = 800$

$(400; 0)$ liefert den höchsten Umsatz und ist daher das Optimum.
Problematisch hierbei ist, dass zuerst die Lage jeder Ecke ermittelt, gegebenenfalls also sogar eine Zeichnung angefertigt werden muss. Theoretisch sind bei zwei Entscheidungsvariablen und N Restriktionen $\binom{N}{2}$ Schnittpunkte möglich.[2] Allgemein beträgt die Zahl der möglichen Ecken bei N Restriktionen und k Entscheidungsvariablen $\binom{N}{k}$.

---

[2] $\binom{N}{2} = \frac{N!}{2! \cdot (N-2)!} = \frac{N \cdot (N-1)}{2}$

2.5 Analytische Lösung

In diesem Kapitel wird der Simplex-Algorithmus[3] vorgestellt. Dieses Verfahren erlaubt die analytische Findung des optimalen Zielfunktionswertes, ohne das Problem zeichnen oder ausprobieren zu müssen.

2.5.1 Vorarbeit

Die Daten können in einer Tabelle ähnlich einer Matrix zusammengefasst werden. Hierbei werden die Variablenbezeichnungen und die $\leq$-Zeichen weggelassen:

	Standard	Spezial	Obergrenze
Umsatz	3	4	
Brotofen	1	1	500
Fleisch	0, 1	0, 25	50
Gemüse	0, 1	0.2	40

- In einem ersten Schritt müssen die Ungleichungen in Gleichungen überführt werden.

Wenn $a_i \leq b_i$ die Struktur der i-ten Nebenbedingung ist, so kann diese Nebenbedingung durch das Einführen der „Schlupfvariable" $y_i \geq 0$ in eine Gleichung überführt werden: $a_i + y_i = b_i$
Beispiel:
$a_i = 4, b_i = 6, a_i \leq b_i$
$a_i + y_i = b_i$, wenn $y_i = 2$
Nennen wir die Schlupfvariable für die i-te Ungleichung y_i, dann ergibt sich für unsere Nebenbedingungen:

- die Brotrestriktion: $x_1 + x_2 + y_1 = 500$
- die Fleischrestriktion [kg]: $0,1 \cdot x_1 + 0,25 \cdot x_2 + y_2 = 50$
- die Gemüserestriktion [kg]: $0,1 \cdot x_1 + 0,2 \cdot x_2 + y_3 = 40$

Das Simplex-Tableau wird folgendermaßen aufgebaut:
In den Spaltenköpfen stehen:

- zuerst die Nummer der Iteration (im Ausgangstableau '0'),

[3] Das Verfahren wurde von George Dantzig (08.11.1914 - 13.05.2005) entwickelt. Dantzig entstammte einer armen Familie und wurde daher erst spät berühmt. Er erhielt mehrere Preise für seine Arbeiten auf dem Gebiet der linearen Optimierung.

- die Entscheidungsvariablen (x_i),
- die Schlupfvariablen (y_i),
- die rechte Seite ('RS') und
- der Quotient Q (Erläuterung folgt).

  Aus $U = 3 \cdot x_1 + 4 \cdot x_2$ wird $U - 3 \cdot x_1 - 4 \cdot x_2 = 0$

  Die Nebenbedingungen werden einfach eingetragen[4].

  Es wird in Tabellenform geschrieben, implizit steht auf der linken Seite vor jedem Element ein „+", vor der rechten Seite steht ein „=".

0	U	x_1	x_2	y_1	y_2	y_3	RS	Q
	1	−3	−4	0	0	0	0	
	0	1	1	1	0	0	500	
	0	0,1	0,25	0	1	0	50	
	0	0,1	0,2	0	0	1	40	

Es wird bei dem Algorithmus davon ausgegangen, dass keine Variable einen negativen Wert annimmt (Nicht-Negativitätsbedingung). Diese Bedingung muss nicht explizit in das Tableau eingetragen werden.

Jedes dieser Tableaus besitzt Basis- und Nichtbasisvariablen. Die Basisvariablen werden als Einheitsvektoren[5] im Tableau geführt (in diesem Fall die y_i). Die anderen Variablen sind Nichtbasisvariablen (in diesem Fall die x_i). Die Werte der Basisvariablen stehen in der entsprechenden Zeile der rechten Seite (RS), die Nichtbasisvariablen besitzen den Wert 0. Die Werte im gegebenen Tableau sind also $U = x_1 = x_2 = 0, y_1 = 500, y_2 = 50, y_3 = 40$. Diese Lösung ist zulässig, da sie alle Restriktionen erfüllt (1. Ecke: $x_1 = x_2 = 0$). Der Start des Verfahrens liegt also in der Ecke $(x_1; x_2) = (0; 0)$ des Zielbereichs.

[4] Achtung: Die Reihenfolge der Nebenbedingungen bzw. die Zuordnung der Schlupfvariablen zu den Nebenbedingungen (welches y_i gehört zu welcher Nebenbedingung) muss beachtet werden!

[5] Einheitsvektoren haben die Form $\begin{pmatrix} 1 \\ 0 \\ \vdots \\ 0 \end{pmatrix}, \begin{pmatrix} 0 \\ 1 \\ \vdots \\ 0 \end{pmatrix}, \ldots, \begin{pmatrix} 0 \\ 0 \\ \vdots \\ 1 \end{pmatrix}$

2.5.2 Ermittlung der Lösung

Bei diesem Verfahren gehen wir wieder die Ecken ab, beginnend mit der Ecke, in der alle Entscheidungsvariablen den Wert 0 besitzen, also mit dem Koordinatenursprung. Nun bewegen wir uns zu einer anderen Ecke, bei der eine der Nebenbedingungen voll ausgeschöpft wird ($y_i = 0$) und dafür eine Entscheidungsvariable einen Wert größer 0 annimmt ($x_j > 0$). Hierbei wird, analog zur Methode durch Ausprobieren, zuerst die Entscheidungsvariable gewählt, die zum höchsten Anstieg des Zielfunktionswertes führt. Als Nebenbedingung wird jene genommen, bei der die Auslastung der entsprechenden Kapazität bei dieser Variablen möglichst gering ist, die Kapazität/der Produktionskoeffizient also minimal ist.

Um die Lösung zu bestimmen, müssen sukzessive neue Variablen in die Basis aufgenommen und andere daraus entfernt werden. Hierzu müssen „Pivotoperationen" durchgeführt werden. x_{ij} bezeichnet im Folgenden das Element in der i-ten Zeile und j-ten Spalte.

Es wird in drei Schritten vorgegangen:

1. Auswahl der Pivotspalte j^*:

   Die Spalte, in der der kleinste *negative* (betragsmäßig maximale[6]) Koeffizient in der Zielfunktion steht, wird zur sogenannten „Pivotspalte". Existieren mehrere Kandidaten zur Spaltenauswahl (sogenannte „duale Entartung"), so wird eine beliebige dieser Spalten verwendet. Es dürfen nur Spalten mit negativen Zielfunktionskoeffizienten gewählt werden.

   Hier ergibt sich als Pivotspalte: x_2 $|-4| = 4 > |-3| = 3$

2. Auswahl der Pivotzeile i^*:

   Die Zeile, in der $Q_i = \frac{RS_i}{x_{ij^*}}$ minimal ist, wird „Pivotzeile" genannt. Hierbei werden allerdings nur Werte von $x_{kj^*} > 0$ betrachtet. Jede rechte Seite wird also durch das zugehörige Element in der gleichen Zeile (wie das Element der rechten Seite) aber aus der Pivotspalte dividiert und anschließend das Minimum dieser Quotienten bestimmt. Die Zeile mit minimalem Quotienten wird Pivotzeile. Treten bei mehreren Zeilen gleich große Koeffizienten auf (sogenannte „primale Entartung"), so wird eine beliebige dieser Zeilen ausgewählt.

   In unserem Beispiel ergibt sich:

0	U	x_1	x_2	y_1	y_2	y_3	RS	Q
	1	-3	-4	0	0	0	0	
	0	1	1	1	0	0	500	$\frac{500}{1} = 500$
	0	0,1	0,25	0	1	0	50	$\frac{50}{0.25} = 200$
	0	0,1	**0,2**	0	0	1	40	$\frac{40}{0,2} = 200$

[6]Dies erinnert stark an den Lösungsweg durch Ausprobieren ("Wähle zuerst eine Lösung, bei der die Variable mit dem größten Anstieg der Zielfunktion verwendet wird.")

Es ist 200 < 500. Der Wert 200 kommt zweimal vor, es liegt eine primale Entartung vor. Als Pivotzeile wird aus den letzten beiden (zufällig) die letzte ausgewählt.

1. Pivotelement ($x_{i^*j^*}$)

Es ergibt sich im Schnitt von Pivotspalte und Pivotzeile:

Hier: 0, 2

2. Aufstellen des neuen Tableaus:

(**a**) Division der Pivotzeile durch das Pivotelement:

1	U	x_1	x_2	y_1	y_2	y_3	RS	Q
	0	0, 5	1	0	0	5	200	

(**b**) Alle Elemente der Pivotspalte außer dem Pivotelement werden zu 0:

1	U	x_1	x_2	y_1	y_2	y_3	RS	Q
			0					
			0					
			0					
	0	0, 5	1	0	0	5	200	

(**c**) Rest nach der sogenannten „Z - Regel":

$x_{ij}^{neu} = x_{ij}^{alt} - \left(\frac{x_{ij^*} \cdot x_{i^*j}}{x_{i^*j^*}}\right)$

$= x_{ij}^{alt} - \frac{(\text{Element aus Pivotspalte aber gleiche Zeile wie } x_{ij}^{alt}) \cdot (\text{Element aus Pivotzeile aber gleiche Spalte wie } x_{ij}^{alt})}{\text{Pivotelement}}$

($x_{ij*}, x_{i*j}, x_{i^*j^*}$ bezeichnet die Werte vor der Umrechnung von Pivotzeile, -spalte und -element. Es wird sich bei der Berechnung immer auf das alte Tableau bezogen.)

1	U	x_1	x_2	y_1	y_2	y_3	RS	Q
	1	$-3-\frac{(-4)\cdot 0{,}1}{0{,}2}$	0	$0-\frac{(-4)\cdot 0}{0{,}2}$	$0-\frac{(-4)\cdot 0}{0{,}2}$	$0-\frac{(-4)\cdot !}{0{,}2}$	$0-\frac{(-4)\cdot 40}{0{,}2}$	
	0	$1-\frac{1\cdot 0{,}1}{0{,}2}$	0	$1-\frac{1\cdot 0}{0{,}2}$	$0-\frac{1\cdot 0}{0{,}2}$	$0-\frac{1\cdot 1}{0{,}2}$	$500-\frac{1\cdot 40}{0{,}2}$	
	0	$0,1-\frac{0{,}25\cdot 0{,}1}{0{,}2}$	0	$0-\frac{0{,}25\cdot 0}{0{,}2}$	$1-\frac{0{,}25\cdot 0}{0{,}2}$	$0-\frac{0{,}25\cdot 1}{0{,}2}$	$50-\frac{0{,}25\cdot 40}{0{,}2}$	
	0	$0,5$	1	0	0	5	200	

oder kurz:

(d)

1	U	x_1	x_2	y_1	y_2	y_3	RS	Q
	1	-1	0	0	0	20	800	
	0	$0,5$	0	1	0	-5	300	600
	0	$-0,025$	0	0	1	$-1,25$	0	$-0,025 < 0$
	0	$0,5$	1	0	0	5	200	400

Warum „Z - Regel"?

Betrachten wir hierzu ein beliebiges Element, das mit der Regel errechnet wurde, bspw. $-0,025$. Der Wert ergibt sich, indem man folgende Werte im Tableau 0 benutzt:

0	U	x_1	x_2	y_1	y_2	y_3	RS
	1	-3	-4	0	0	0	0
	0	1	1	1	0	0	500
	0	$0,1 \overset{-}{\rightarrow}$	$\overset{-}{\rightarrow} 0,25$ $\overset{*}{\swarrow}$	0	1	0	50
	0	$\overset{*}{\swarrow}$ $0,1 \overset{:}{\rightarrow}$	$\overset{:}{\rightarrow} 0,2$	0	0	1	40

Kommen wir zurück zu dem errechneten Tableau nach der ersten Iteration:

1	U	x_1	x_2	y_1	y_2	y_3	RS	Q
	1	-1	0	0	0	20	800	
	0	$0,5$	0	1	0	-5	300	600
	0	$-0,025$	0	0	1	$-1,25$	0	$-0,025 < 0$
	0	**0,5**	1	0	0	5	200	400

(**e**) Sobald keine weiteren negativen Zielzeilenkoeffizienten vorliegen, ist die Berechnung abgeschlossen.

Treten Zielzeilenkoeffizienten mit Wert '0' außerhalb der Basisspalten (hier: y_1, y_2, y_3) auf, so kann ein Basistausch vorgenommen werden, wobei der Zielfunktionswert allerdings nicht weiter steigt (zielwertneutraler Basistausch).

Es existieren aber noch negative Zielzeilenkoeffizienten im Tableau nach der ersten Iteration (-1 in Spalte x_1), daher ist x_1 Pivotspalte und die letzte Zeile aufgrund des kleinsten Qs Pivotzeile. $0,5$ ist Pivotelement.

2	U	x_1	x_2	y_1	y_2	y_3	RS
	1	0	2	0	0	30	1200
	0	0	-1	1	0	-10	100
	0	0	$0,05$	0	1	-1	10
	0	1	2	0	0	10	400

Nun gibt es in der Zielfunktionszeile keine negativen Elemente mehr, die Rechnung ist beendet und das Ergebnis optimal.

3. Ablesen der (Basis -) Lösung

$(x_1, x_2, y_1, y_2, y_3, U) = (400, 0, 100, 10, 0, 1200)$

Haben Sie es verstanden? Dann versuchen Sie einmal, das Optimum des folgenden Problems zu finden. Falls Ihr Ergebnis von der Lösung abweicht, vergleichen Sie jedes errechnete Tableau.
Problem:
$\max . G = 4x_1 + 5x_2$
$s.c.$
$x_1 + x_2 \leq 10$
$2x_1 + 5x_2 \leq 15$
Das zugehörige Ausgangstableau lautet:

0	G	x_1	x_2	y_1	y_2	RS
	1	−4	−5	0	0	0
	0	1	1	1	0	10
	0	2	5	0	1	15

Es ergibt sich die Auswahl:

0	G	x_1	x_2	y_1	y_2	RS	Q
	1	−4	−5	0	0	0	
	0	1	1	1	0	10	10
	0	2	**5**	0	1	15	3

Die Pivotoperationen führen zu:

1	G	x_1	x_2	y_1	y_2	RS	Q
	1	−2	0	0	1	15	
	0	0,6	0	1	−0,2	7	$\frac{35}{3}$
	0	**0,4**	1	0	0,2	3	7,5

Eine weitere Iteration ergibt:

2	G	x_1	x_2	y_1	y_2	RS
	1	0	5	0	2	30
	0	0	−1,5	1	−0,5	2,5
	0	1	2,5	0	0,5	7,5

$(x_1, x_2, y_1, y_2, G) = (7,5; 0; 0; 2,5; 0; 30)$
Alle Nebenbedingungen eingehalten?
$x_1 + x_2 = 7,5 \leq 10,\ y_1 = 2,5$
stimmt mit dem ermittelten Ergebnis überein.
$2x_1 + 3x_2 = 15 \leq 15,\ y_2 = 0$
stimmt mit dem ermittelten Ergebnis überein.
$x_1, x_2 \geq 0$

2.5.3 Lösung im verkürzten Tableau

Das Mitschreiben der Einheitsvektoren ist sehr lästig, weshalb häufig das sogenannte „verkürzte Tableau" verwendet wird.

Hierzu werden die Nichtbasisvariablen in die Spaltenköpfe, die Basisvariablen (Variablen, die die Einheitsvektoren in den Spalten beinhalten) hingegen an den Anfang der Zeile geschrieben, in der die 1 im entsprenchenden Einheitsvektor im langen Tableau steht. Dieser Lösungsweg ist wesentlich komfortabler und soll daher in diesem Buch ausführlicher als die Lösung im langen Tableau behandelt und mit Übungsaufgaben vertieft werden. Im Kapitel zur Sensitivitätsanalyse wird zudem die Zeitersparnis bei Benutzung des kurzen gegenüber dem langen Tableau noch deutlicher.

Der einzige Unterschied zwischen langem und verkürztem Tableau besteht im Weglassen der Einheitsvektoren. Hierfür werden die Variablen, in deren Spalten sich die Einheitsvektoren befinden, vor die Zeile geschrieben, in der zuvor die entsprechende 1 im jeweilgen Einheitsvektor stand.

Das Ausgangstableau des Einführungsbeispiels zum langen Tableau ändert sich also folgendermaßen:

0	U	x_1	x_2	y_1	y_2	y_3	RS	Q
	1	−3	−4	0	0	0	0	
	0	1	1	1	0	0	500	
	0	0,1	0,25	0	1	0	50	
	0	0,1	0,2	0	0	1	40	

→

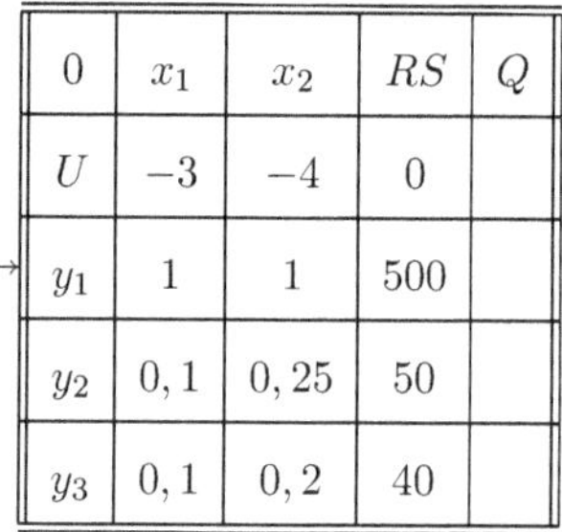

0	x_1	x_2	RS	Q
U	−3	−4	0	
y_1	1	1	500	
y_2	0,1	0,25	50	
y_3	0,1	0,2	40	

Die Lösung ergibt sich folgendermaßen:

1. Die Auswahl des Pivotelements erfolgt wie bisher.

   Zuerst wird die Pivotspalte (betragsmäßig größter negativer Zielzeilenkoeffizient), dann die Pivotzeile (kleinster Q - Wert) gewählt.

2. Basis - und Nichtbasisvariable werden in der Beschriftung vertauscht.

   (Vertauschen von Zeilen- und Spaltenbeschriftung)

3. Statt des Pivotelements steht dessen Kehrwert.

4. Die Pivotzeile wird durch das „alte" Pivotelement geteilt.

5. Die Pivotspalte wird durch das negierte „alte" Pivotelement geteilt.

6. Die anderen Elemente werden nach der Z - Regel behandelt.

Für das Beispiel ergibt sich für die Auswahl des Pivotelements:

0	x_1	x_2	RS	Q
U	-3	-4	0	
y_1	1	1	500	500
y_2	0, 1	0, 25	50	200
y_3	0, 1	**0, 2**	40	200

Im Folgenden werden die Ergebnisse bei Rechnung mit langem und kurzem Tableau verglichen. Die Pivotoperationen führen zu:

1	U	x_1	x_2	y_1	y_2	y_3	RS	Q
	1	-1	0	0	0	20	800	
	0	0, 5	0	1	0	-5	300	600
	0	$-0,025$	0	0	1	$-1,25$	0	$-0,025 < 0$
	0	**0, 5**	1	0	0	5	200	400

→

1	x_1	y_3	RS	Q
U	-1	20	800	
y_1	0, 5	-5	300	600
y_2	$-0,025$	$-1,25$	0	0
x_2	**0, 5**	5	200	400

Der einzige Unterschied zwischen langem und kurzen Tableau besteht in der Berechnung von Pivotspalte und Pivotelement:
Statt des Einheitsvektors erscheint im Spaltenkopf der Name der Variablen, deren Wert zur 0 wird, die also aus der Basis verschwindet. Im vorliegenden Fall wird y_3 gegen x_2 getauscht, x_2 also in die Basis aufgenommen, mit einem Wert ungleich 0.
Wieso geschieht die Berechnung so? Betrachten wir das Element 0 aus der Spalte x_2, vorletzte Zeile des langen Tableaus.
Aus ihm wird durch die Z - Regel: $0 - \frac{1\cdot(-0{,}025)}{0{,}5} = -\frac{-0{,}025}{0{,}5}$
$= \frac{-0{,}025}{-0{,}5} = \frac{\text{Spaltenlement}}{\text{negiertes Pivotelement}} = 0,05$
Ist dies ein Zufall? Nein, denn in der Spalte der Variablen, die zuvor in der Basis enthalten war, und jetzt gegen die Variable getauscht wird, die in die Basis aufgenommen werden soll, befindet sich der Einheitsvektor mit der 1 in der Zeile, in der das Pivotelement steht. Somit wird, außer eben bei dieser Zeile, in der die 1 steht, mit 1 multipliziert. Dort, wo sich die 1 befindet, ist die Pivotzeile und es wird durch das Pivotelement dividiert - also steht nach durchgeführter

Iteration der Kehrwert des Pivotelements in dieser Spalte, in der die 1 des Basisvektors im langen Tableau steht! Durch die vertauschte Spaltenbeschriftung wird dies auch deutlich.
Also: Im kurzen Tableau gilt:

- Aus dem ursprünglichen Pivotelement wird dessen Kehrwert.
- Die Pivotspalte wird durch das negative ursprüngliche Pivotelement dividiert.
- Die Pivotzeile wird durch das ursprüngliche Pivotelement dividiert.
- Alle anderen Elemente werden mit der Z-Regel berechnet.

So ergibt sich beim Tausch von x_1 gegen x_2:

2	U	x_1	x_2	y_1	y_2	y_3	RS
	1	0	2	0	0	30	1200
	0	0	-1	1	0	-10	100
	0	0	$0,05$	0	1	-1	10
	0	1	$2 = \frac{1}{0,5}$	0	0	10	400

→

2	x_2	y_3	RS
U	2	30	1200
y_1	-1	-10	100
y_2	$0,05$	-1	10
x_1	2	10	400

Die Basislösung lautet also:
$(x_1, x_2, y_1, y_2, y_3, U) = (400, 0, 100, 10, 0, 1200)$
Das Ergebnis ist gleich dem von weiter oben, was für dessen Richtigkeit spricht.

2.5.4 Grafische Erläuterung des Simplexverfahrens

Gegeben ist das Zielsystem, der zulässige Bereich, wie er weiter oben dargestellt ist. Das Verfahren beginnt im Punkt (0;0) und geht dann, wie bei der „Lösung durch Ausprobieren" zuerst den steilsten Anstieg und gelangt auf diesem Weg in die Ecke $(x_1; x_2) = (0; 200)$.
Die Lösung ist dort allerdings noch weiter zu verbessern, weshalb die nächste Ecke untersucht wird und $(400; 0)$ erreicht wird. Es ist wichtig zu beachten, dass das Simplex - Verfahren Nicht - Negativität der Variablen voraussetzt (s. hierzu auch Aufgabe 9 von Kapitel 3).

2.6 PC - gestützte Lösung

Die Aufgabe aus dem obigen Beispiel kann auch mithilfe von Computertools gelöst werden. Zwei dieser Tools, EXCEL und LINGO, werden wir in diesem Abschnitt betrachten.

2.6.1 Lösung mithilfe von EXCEL

Die Lösung wird in drei Schritten durchgeführt:

1. Aufstellen des Datenblattes
2. Eingabe in den Solver
3. Ablesen der Lösung

Betrachten wir die Schritte nun im Einzelnen:

1. Aufstellen des Datenblattes

   Das Datenblatt hat folgendes Aussehen:

	A	B	C	D	E	F
1	verändert	1	1			
2	Z	3	4	7		
3	1. NB	1	1	2	<=	500
4	2. NB	0,1	0,25	0,35	<=	50
5	3. NB	0,1	0,2	0,3	<=	40

Abbildung~2.4: Datenblatt im Beispiel

   Die Felder sind miteinander verknüpft:

	A	B	C	D	E	F
1	verändert	1	1			
2	Z	=3*B1	=4*C1	=SUMME(B2:C2)		
3	1. NB	=1*B1	=1*C1	=SUMME(B3:C3)	<=	500
4	2. NB	=0,1*B1	=0,25*C1	=SUMME(B4:C4)	<=	50
5	3. NB	=0,1*B1	=0,2*C1	=SUMME(B5:C5)	<=	40

Abbildung~2.5: Formeln im Datenblatt

   („1" sind die Startwerte für x_1, x_2. EXCEL findet die Lösung durch geschicktes „Ausprobieren".)

2. Eingabe in den Solver

   Nun wird unter „Extras"→„Solver" der Solver gestartet. (Ist diese Funktion nicht verfügbar, so muss sie erst unter ‚Extras"→„Analysefunktionen" freigegeben werden.)

   In dem sich öffnenden Fenster werden nun die Felder ausgefüllt:

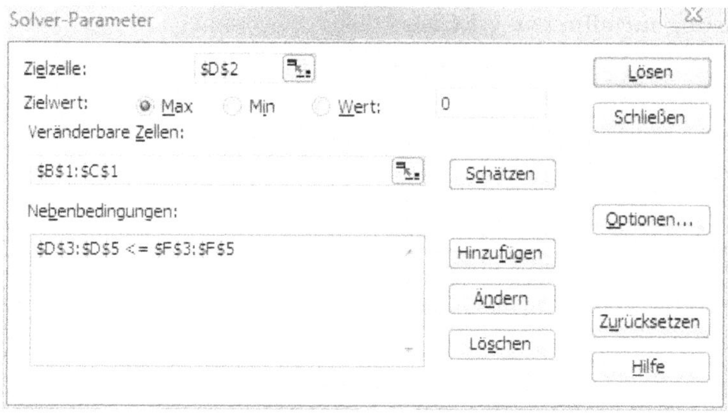

Abbildung~2.6: Ausgefülltes Solver-Fenster

3. Ablesen der Lösung

Nach Betätigung des Buttons „Lösen" ergibt sich das folgende Ergebnis[7]:

	A	B	C	D	E	F
1	verändert:	400	0			
2	Z	1200	0	1200		
3	1. NB	400	0	400	<	500
4	2. NB	40	0	40	<	50
5	3. NB	40	0	40	<	40

Abbildung~2.7: Lösung in EXCEL

Als Lösung ergibt sich also $(x_1, x_2, Z) = (400, 0, 1200)$.

Zudem können noch die Werte der y_i errechnet werden:

1. $y_1 = 500 - 400 = 100$

2. $y_2 = 50 - 40 = 10$

3. $y_3 = 40 - 40 = 0$

Das Ergebnis stimmt also mit der errechneten Lösung überein.

[7]Vor dem Betätigen des "Lösen"-Buttons muss im Solver-Fenster unter "Optionen" das Häkchen bei "Nicht-Negativität voraussetzen" aktiviert werden.

2.6.2 Lösung mithilfe von LINGO

Eine Demoversion von LINGO kann unter
http : //www.additive – net.de/software/solversuite/download.shtml
heruntergeladen werden. In der Demoversion ist die Leistungsfähigkeit zwar geringer als in der Vollversion, genügt jedoch unseren Anforderungen.
LINGO ist sehr pragmatisch in der Bedienung. Zielfunktion und Ungleichungssystem werden wie in der mathematischen Formulierung eingegeben.
Es wird also eingegeben:

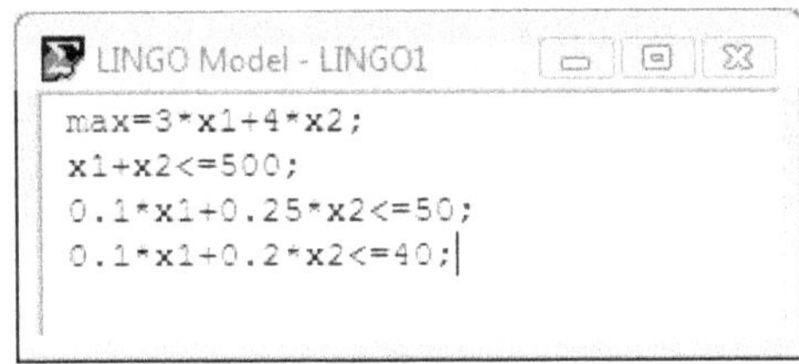

Abbildung~2.8: Eingabe des Problems in LINGO

Nach Betätigung des „Lösen" - Buttons 
in der Symbolleiste

Abbildung~2.9: LINGO-Symbolleiste

ergibt sich die folgende Lösung:

```
Solution Report - LINGO1
Global optimal solution found.
Objective value:                                1200.000
Total solver iterations:                               2

                 Variable           Value        Reduced Cost
                       X1        400.0000            0.000000
                       X2        0.000000            2.000000

                      Row    Slack or Surplus      Dual Price
                        1        1200.000            1.000000
                        2        100.0000            0.000000
                        3        10.00000            0.000000
                        4        0.000000            30.00000
```

Abbildung~2.10: Ausgabe der Lösung in LINGO

Das Ergebnis ist (natürlich) wieder identisch. Im Lösungsreport werden allerdings zudem noch die Werte von y_i („Slack or Surplus") für jede Nebenbedingung (Screenshot: row 2 - 4) ausgegeben. Auf die Bedeutung der anderen Werte des Lösungsreports werden wir im Kapitel zur Sensitivitätsanalyse näher eingehen.

Kapitel 3

Lineare Zielfunktion unter Sicherheit (Erweiterungen)

Weiterführende Literatur:
Anfänger: Ohse, D.: „Mathematik für Wirtschaftswissenschaftler - Teil 2" (2002), Kapitel 8.
Fortgeschrittene: Ohse, D.: „Quantitative Methoden der Betriebswirtschaftlehre"(1998), Kapitel 5.
Lernziele: Nach Abschluss dieses Kapitels sollen Sie
....die Erweiterungen des Simplex - Algorithmus verstanden haben.
...in der Lage sein, Größer - Gleich - Nebenbedingungen und Gleichungen als Nebenbedingungen zu behandeln.
...Minimierungsprobleme optimieren können.
...den vollständigen Ablauf des Simplex - Algorithmus verstanden haben und auf konkrete Probleme anwenden können.

3.1 Weitere Arten von Nebenbedingungen

3.1.1 Gleichungen

Bisher sind wir immer davon ausgegangen, dass wir *maximal* eine bestimmte Menge bestellen können, bspw. nicht mehr als 50 kg Fleisch. Der Wert $y_2 = 10$ zeigte, dass nur $50 - 10 = 40$ kg Fleisch eingesetzt wurden. Es könnte allerdings sein, dass wir aufgrund langer Lieferverträge immer *genau* 50 kg abnehmen müssen (und somit auch verkaufen sollten). Diese werden wir auch verwenden. Was tun wir in einem solchen Fall?
Betrachten wir hierfür einmal das (nun modifizierte) Beispiel:
$U = 3 \cdot x_1 + 4 \cdot x_2$
$x_1 + x_2 \leq 500$
$0,1 \cdot x_1 + 0,25 \cdot x_2 = 50 \leftarrow$ Gleichung

$0,1 \cdot x_1 + 0,2 \cdot x_2 \leq 40$

Wir werden nun zu jeder Nebenbedingung eine Schlupfvariable addieren, um die Nebenbedingung in eine Gleichung zu überführen. Bei der Gleichung ist ein solches Überführen eigentlich nicht notwendig. Um allerdings weiterhin nach dem Algorithmus verfahren zu können, addieren wir eine Schlupfvariable, die aber immer den Wert 0 hat, eine sogenannte „künstliche Schlupfvariable". Diese bezeichnen wir im Folgenden mit $\widetilde{y}_i$, um sie von einer „richtigen" / „natürlichen" Schlupfvariable unterscheiden zu können.

Um zu verhindern, dass im weiteren Verlauf des Algorithmus diese Variable einen Wert ungleich 0 annimmt, wird diese Zeile zuerst als Pivotzeile verwendet. Als Spalte empfiehlt sich eine Spalte mit einem großen Wert[1] in dieser Nebenbedingung[2].

Nach Durchführung der Pivotoperationen wird die Spalte gestrichen, da sie sowieso nicht mehr verwendet werden darf (andernfalls käme die künstliche Basisvariable wieder in die Basis). (Sollte das Tableau für spätere Analysen nochmals verwendet werden, wird die Spalte nicht gestrichen. Sie darf aber nicht nochmals Pivotspalte werden.) Hiernach wird der Algorithmus wie gewohnt durchgeführt.

Rechnen wir das Beispiel nun einmal durch:

0	x_1	x_2	RS
U	-3	-4	0
y_1	1	1	500
$\widetilde{y}_2$	0,1	**0,25**	50
y_3	0,1	0,2	40

$\widetilde{y}_2$ wird Pivotzeile, als Spalte empfiehlt sich x_2, da $0,25 > 0,1$. Da $50 > 0$, muss das Pivotelement zudem positiv sein, was durch $0,25 > 0$ ebenfalls erfüllt ist.

1	x_1	$\widetilde{y}_2$	RS	Q
U	$-1,4$	16	800	
y_1	0,6	-4	300	500
x_2	0,4	4	200	500
y_3	**0,02**	$-0,8$	0	0

Die Spalte könnte nun gestrichen werden. Um das Vorgehen zu demonstrieren, wenn man das

[1] Dies entspricht prinzipiell der Auswahlregel mittels "Q-Kriterium": Das Pivotelement ist bei Q das Element, das relativ zur rechten Seite möglichst groß ist, Q ist somit minimal.

[2] Wichtig ist, dass zur Behandlung dieser Restriktion zuerst die Pivotzeile und dann erst die -spalte ausgewählt wird (im Gegensatz zum Standardverfahren).

Tableau für weitere Analysen benötigt, wird die Spalte an dieser Stelle jedoch nicht eliminiert und stattdessen in den Pivotoperationen mitgeführt.

1	y_3	$\widetilde{y}_2$	RS
U	70	-40	800
y_1	-30	20	300
x_2	-20	16	200
x_1	50	-40	0

Das Optimum ist erreicht, wenn in der Zielfunktion noch negative Koeffizienten sind, deren Spalten Pivotspalten werden können. Das einzige negative Element in der Zielfunktionszeile befindet sich in der Spalte mit der künstlichen Basisvariable (die nicht mehr Pivotspalte werden darf). Somit wurde die optimale Lösung erreicht.
Die Basislösung lautet somit:
$(x_1, x_2, y_1, y_2, y_3, U) = (0, 200, 300, 0, 0, 800)$.
Die Lösung mit „$\leq$" - statt „=" - Restriktion lautet:
$(x_1, x_2, y_1, y_2, y_3, U) = (400, 0, 100, 10, 0, 1200)$
Wie erklärt sich die Verringerung des Zielfunktionswertes von 1200 auf 800?
Durch die Gleichung wird erzwungen, dass die Lösung auf der 2. Nebenbedingung liegt. Da diese Nebenbedingung aber nicht zu der optimalen Ecke führt, muss sich der Zielfunktionswert verringern. Noch deutlicher wird dies, wenn wir uns folgenden Fall vor Augen führen: In einem Maximierungsproblem wird für alle Entscheidungsvariablen vorausgesetzt, dass gilt: $x_i \geq 0$. Das Optimum wäre, wenn keine weiteren Nebenbedingungen vorliegen $x_i = \infty$ für $i = 1, 2, ..., n$ und somit auch der Zielfunktionswert $Z = \infty$. Wenn wir aber für alle Variablen erzwingen, dass sie den Wert 0 haben, die Ungleichungen also in Gleichungen überführen, gilt $x_i = 0$ für alle x_i und somit ist auch der Zielfunktionswert $Z = 0$.

3.1.2 Größer - Gleich - Restriktionen

Eine weitere Modifikation des Grundfalls (bei dem ausschließlich Kleiner - Gleich - Restriktionen verwendet werden) stellt die Verwendung von Größer - Gleich - Restriktionen dar. Diese können allerdings wesentlich einfacher behandelt werden als Gleichungen. Da wir weiterhin wünschen, dass ausschließlich Kleiner - Gleich - Restriktionen in unserem Optimierungsproblem enthalten sind, nehmen wir folgende Transformation vor:
aus
$a_1x_1 + a_2x_2 + ... \geq c$
wird durch Multiplikation mit -1
-$a_1x_1 - a_2x_2 - .... \leq -c$.

Betrachten wir uns hierzu unser Beispiel und gehen davon aus, dass die 2. Restriktion statt einer Gleichung eine $\geq$ - Restriktion ist, wir also mehr als 50 kg Fleisch einkaufen und verarbeiten müssen.

$\max. \, U = 3 \cdot x_1 + 4 \cdot x_2$

$x_1 + x_2 \leq 500$

$0,1 \cdot x_1 + 0,25 \cdot x_2 \geq 50 \leftarrow \geq$ - Restriktion

$0,1 \cdot x_1 + 0,2 \cdot x_2 \leq 40$

Durch Umformung ergibt sich

$U = 3 \cdot x_1 + 4 \cdot x_2$

$x_1 + x_2 \leq 500$

$-0,1 \cdot x_1 - 0,25 \cdot x_2 \leq -50 \leftarrow \leq$ - Restriktion

$0,1 \cdot x_1 + 0,2 \cdot x_2 \leq 40$

Wir schreiben dies nun wieder in Tableauform:

0	x_1	x_2	RS
U	-3	-4	0
y_1	1	1	500
y_2	$-0,1$	$-0,25$	-50
y_3	$0,1$	$0,2$	40

Würden wir jetzt die Basislösung bestimmen, ergäbe sich $y_2 = -50$. Dies würde allerdings die Nicht-Negativitätsbedingung verletzen.

Daher *muss* die y_2 - Zeile Pivotzeile sein.

Existieren mehrere Zeilen mit negativer rechter Seite, so wird eine dieser Zeilen Pivotzeile, und zwar die, bei der die rechte Seite minimal (also betragsmäßig maximal) ist.

Als Pivotspalte wird die Spalte ausgewählt, die den betragsmäßig größten negativen Koeffizienten aufweist.

0	x_1	x_2	RS
U	-3	-4	0
y_1	1	1	500
y_2	$-0,1$	$\boxed{\mathbf{-0,25}}$	-50
y_3	$0,1$	$0,2$	40

$-0,25$ ist also Pivotelement. Führen wir nun, wie gewohnt, die Pivotoperationen durch:

1	x_1	y_2	RS	Q
U	$-1,4$	-16	800	
y_1	$0,6$	4	300	75
x_2	$0,4$	-4	200	$\frac{200}{-4}, -4 < 0$
y_3	$0,02$	**0,8**	0	0

Nun kann wieder der Standard - Algorithmus angewendet werden:

2	x_1	y_3	RS	Q
U	-1	20	800	
y_1	$0,5$	-5	300	600
x_2	$0,5$	5	200	400
y_2	**0,025**	$1,25$	0	0

Es ergibt sich nun:

3	y_2	y_3	RS
U	40	70	800
y_1	-20	-30	300
x_2	-20	-20	200
x_1	40	50	0

Die Basislösung lautet (wieder, wie im Fall der Gleichungs - Restriktion):
$(x_1, x_2, y_1, y_2, y_3, U) = (0, 200, 300, 0, 0, 800)$.
Wieder ist der Zielfunktionswert geringer als im Ursprungsfall, da die Restriktion das Optimum stark einschränkt. (Zur Erinnerung: Im Optimum war die 2. Restriktion nicht ausgeschöpft.) Es wird in der Lösung die Restriktion auch nicht mehr als erzwungen ausgeschöpft, was durch $y_2 = 0$ (also kein Überschuss (hierher kommt das Wort „surplus" in LINGO)) deutlich wird:
Die Restriktion lautet $0,1 \cdot x_1 + 0,25 \cdot x_2 \geq 50$.
Ausgeschöpft wurde $0,1 \cdot 0 + 0,25 \cdot 200 = 50 \geq 50$.
Die Restriktion wurde also tatsächlich voll ausgeschöpft und somit erfüllt.

3.2 Minimierungsprobleme

Bisher wurden nur Optimierungsprobleme behandelt, bei denen die Zielfunktion maximiert wurde. Im Alltag kommt es aber auch häufig vor, dass die Zielfunktion, beispielsweiseo die Kostenfunktion, minimiert werden soll, wobei allerdings gewisse Restriktionen eingehalten werden müssen. Dieses Problem kann ebenfalls mithilfe des Simplex - Algorithmus gelöst werden. Als Beispiel soll wieder der Fall zweier verschiedener Produkte, der Döner „Standard" (Produkt 1) und „Spezial" (Produkt 2), verwendet werden. Aufgrund von Lieferverträgen sind mindestens 300 Stück Brot zu verwenden, Fleisch und Gemüse ist in beliebigem Umfang verfügbar, allerdings müssen vom Döner „Spezial" mind. 100 Stück hergestellt werden.

- Zielfunktion: $Kosten = K = x_1 + 2 \cdot x_2$
- Brotrestriktion: $x_1 + x_2 \geq 300$
- Produktionsrestriktion $x_2 \geq 100$
- Nicht-Negativitätsrestriktion: $x_1, x_2 \geq 0$

Statt die Kosten zu minimieren, kann auch die Funktion
$-Kosten = -K = -x_1 - 2 \cdot x_2$ maximiert werden.
$-K + x_1 + 2 \cdot x_2 = 0$ wird in das Tableau eingetragen.
Die $\geq$ - Restriktionen müssen in $\leq$ - Restriktionen überführt werden. Dies ergibt für:

- die Brotrestriktion: $-x_1 - x_2 \leq -300$
- die Produktionsrestriktion $-x_2 \leq -100$

Wie bisher auch, wird Nicht-Negativität (schweigend) vorausgesetzt.
Somit haben wir das Problem wieder in den bekannten Fall des Maximierungsproblems überführt. Das Simplex - Tableau hierzu lautet:

0	x_1	x_2	RS
$-K$	1	2	0
y_1	-1	$\boxed{-1}$	-300
y_2	0	-1	-100

In diesem Tableau ist die Nicht-Negativität von $y_1 = -300$ und $y_2 = -100$ verletzt. Als Pivotzeile wird die Restriktion mit der kleinsten (betragsmäßig größten) rechten Seite verwendet. Da die kleinste rechte Seite aufgrund von $\min\{-300; -100\} = -300$ die von y_1 ist, wird die Zeile von y_1 zur Pivotzeile.

Als Pivotelement soll der größte Wert in dieser Zeile gewählt werden.[3]
Da beide Elemente bei -1 liegen, kann eines von beiden beliebig gewählt werden. Es ist im Ausgangstableau fett markiert. Die bekannten Pivotoperationen ergeben:

1	x_1	y_1	RS	Q
$-K$	-1	2	-600	
x_2	1	-1	300	300
y_2	$\boxed{1}$	-1	200	200

Die Lösung wäre nun zulässig, da keine Variable einen negativen Wert aufweist. Allerdings existiert noch ein negativer Wert in der Zielfunktszeile, weshalb eine weitere Iteration nötig ist. Spalten- und Zeilenauswahl erfolgt nach den Regeln des einfachen Simplex - Verfahrens. Es ergibt sich:

2	y_2	y_1	RS
$-K$	1	1	-400
x_2	-1	0	100
x_1	1	-1	200

Die Lösung:

- ist zulässig (alle Variablen haben einen Wert größer oder gleich 0),
- ist optimal (die Zielfunktionszeile beinhaltet keine negativen Koeffizienten mehr),
- kann abgelesen werden (man muss allerdings berücksichtigen, dass $-K = -400$):
  $(x_1, x_2, y_1, y_2, K) = (200, 100, 0, 0, 400)$.

3.3 Zusammenfassung: Ablauf des Simplex - Algorithmus

In diesem Abschnitt soll der Ablauf des Simplex - Algorithmus übersichtlich zusammengefasst werden.[4]
Gegeben sei eine Zielfunktion Z mit Nebenbedingungen, dann ergeben sich die folgenden Schritte:

1. Überführe $\geq$ - Nebenbedingungen durch Multiplikation mit (-1) in $\leq$ - Nebenbedingungen.

[3] Wieder wird also zuerst die Pivotzeile und dann die -spalte gewählt.
[4] Für eine ausführlichere Darstellung vgl. Ohse, D.: "Mathematik für Wirtschaftswissenschaftler 2", Kapitel 8.

2. Füge künstliche und natürliche Basisvariablen hinzu.

3. Überführe Zielfunktion und Nebenbedingungen in die Tableau - Form.

   Art des Problems:

   - Minimierung: Ersetze Z durch $-Z$, dann weiter bei 5.
   - Maximierung: Weiter bei 5.

4. Errechne eine gültige Lösung.

   (a) Künstliche Basisvariablen

      i. Eliminierung der künstlichen Basisvariablen (aus = - Nebenbedingungen): Eine Zeile mit einer künstlichen Basisvariablen wird Pivotzeile. Pivotspalte wird die Spalte, die den absolut größten Koeffizienten in dieser Pivotzeile aufweist.

      ii. Führe die Pivotoperationen (s. 5. (b)) durch.

      iii. Wenn nur die Lösung des Linearen Programms gesucht ist: Streiche die Spalte mit der künstlichen Basisvariablen. (Dies ist zulässig, da es sich nur um eine Hilfsvariable handelt, die nicht weiter benötigt wird). Wird noch die Sensitivitätsanalyse verlangt, so rechne weiter. Zu beachten ist: diese Spalte darf nicht noch einmal Pivotspalte werden. (Dies verhindert, dass die künstliche Basisvariable einmal andere Werte als 0 annehmen könnte.)

      iv. Führe diese Schritte so oft durch, bis keine künstliche Basisvariable mehr ungleich 0 ist.

   (b) Eleminiere die Unzulässigkeit der $\geq$ - Restriktionen, die in $\leq$ - Restriktionen überführt wurden.

      (Unzulässigkeit: rechte Seite < 0):

      i. Wähle die unzulässige Zeile als Pivotzeile, die die kleinste (absolut größte) rechte Seite aufweist.[5] Wähle aus der Pivotzeile das kleinste negative (betragsmäßig größte) Element als Pivotelement.

      ii. Führe die Pivotoperationen (s. 5. (b)) durch.

      iii. Führe diese Schritte so oft durch, bis alle $\geq$ - Restriktionen behandelt wurden.

5. Errechnung die optimale Lösung.

   (a) Bestimme das Pivotelement.

[5] Diese Auswahlregel liegt nahe, da die Zeile mit der betragsmäßig größten negativen Seite die Nichtnegativitätsbedingung am stärksten verletzt.

i. Pivotspalte wird die Spalte, die den kleinsten negativen (absolut größten) Koeffizienten in der Zielfunktion aufweist. Sind alle Koeffizienten der Zielfunktion nicht - negativ, so ist das Verfahren beendet.

ii. Bilde die Quotienten $Q = \frac{\text{rechte Seite}}{\text{Element aus Pivotspalte}} > 0$ für jede Zeile. Schreibe das Ergebnis in die Q - Spalte.

iii. Die Zeile, in der der Wert von Q minimal ist, wird Pivotzeile.

iv. Schnittpunkt aus Pivotzeile und Pivotspalte ist das Pivotelement.

(b) Führe die Pivotoperationen durch.

i. $\text{Pivotelement}_{\text{neu}} = \frac{1}{\text{Pivotelement}_{\text{alt}}}$

ii. $\text{Pivotzeile}_{\text{neu}} = \frac{\text{Pivotzeile}_{\text{alt}}}{\text{Pivotelement}_{\text{alt}}}$

iii. $\text{Pivotspalte}_{\text{neu}} = -\frac{\text{Pivotspalte}_{\text{alt}}}{\text{Pivotelement}_{\text{alt}}}$

iv. alle weiteren Elemente nach der Z - Operation:

$\text{Element}_{\text{neu}} = \text{Element}_{\text{alt}} - \frac{\text{Wert aus Elementzeile}_{\text{alt}} \text{ und Pivotspalte}_{\text{alt}} \cdot \text{Wert aus Elementspalte und Pivotzeile}_{\text{a}}}{\text{Pivotelement}_{\text{alt}}}$

(c) Führe diese Schritte so lange durch, bis kein negatives Element mehr in der Zielfunktionszeile vorkommt.

6. Exisitiert noch eine 0 in der Zielfunktionszeile?

Wenn ja: Zielwertneutraler Basistausch ist möglich. Der Zielwert wird nicht weiter verbessert, dafür aber eine neue Variable gegen eine alte in der Lösung getauscht. Die Spalte, die die 0 in der Zielfunktionszeile enthält, wird Pivotspalte. Mittels minimalen Q wird die Pivotzeile ausgewählt.

Warum interessiert dies jemanden?

Wenn beispielsweise eine schwangere Frau an einer Maschine arbeitet und Entlastung braucht, sollte man eine Lösung wählen, die es ermöglicht, dass an dieser Maschine freie Kapazitäten (Freizeit für die Mitarbeiterin) vorliegen.

7. Lese die Lösung ab.

- Maximierungsproblem: einfach Ablesen,
- Minimierungsproblem: beachten, dass Zielfunktionswert ein falsches Vorzeichen hat. Das Vorzeichen muss beim Ablesen umgekehrt werden.

Kapitel 4

Sensitivitätsanalyse

Weiterführende Literatur:

Hauke, W. & Opitz, O.: „Mathematische Unternehmensplanung. Eine Einführung" (1996), S. 102 - 07.

Werners, B.: „Grundlagen des Operations Research" (2006), Kapitel 3.2.3.

Lernziele: Nach Abschluss dieses Kapitels sollen Sie...

...verstanden haben, was Sensitivitäten und Elastizitäten sind und diese sowohl aus einem optimierten Simplex - Tableau als auch aus dem Output der Software - Produkte EXCEL und LINGO ablesen können.

....Sensitivitätstableaus aufstellen und Elastizitäten berechnen können.

....Sensitivitäten und Elastizitäten interpretieren können.

4.1 Problem

Nicht immer können alle Daten genau erfasst werden, bspw. die variablen Kosten oder der daraus resultierende Stückdeckungsbeitrag (Verkaufspreis -variable Kosten). In linearen Programmen wird, um eine Lösung errechnen zu können, mit der Annahme gearbeitet, dass bestimmte Größen mit Sicherheit festgelegt sind, was allerdings nicht der Fall ist. In diesem Kapitel wird sowohl die Sensitivitätsanalyse als auch das Konzept der Schattenpreise vorgestellt.

Allgemein lautet die Frage, welchen Einfluss marginale Änderungen eines Parameters auf die Lösung haben. So kann sich bspw. die Frage stellen, wie sich die oben errechnete Lösung ändern würde, wenn die Stückkosten des Döners „Standard" geringfügig gesenkt werden könnten. Interessant ist dies auch, um zu beurteilen, wie sich bspw. eine Senkung der Produktionszeit für ein Produkt an einer Maschine bei gegebenen Kapazitätsrestriktionen oder eine Erhöhung der Produktionskapazität einer Maschine bei sonst gleichen Bedingungen auf den Umsatz/Gewinn auswirkt.

4.2 Analyse im Simplex - Tableau

Gegeben sind folgende Bezeichnung der Werte im *Optimal-Tableau*:

- Zielzeilenkoeffizienten: a_i,
- rechten Seite: b_j,
- alle anderen Werte: c_{ij}

In diesem Fall sind die Sensitivitäten der:

- Zielzeilenkoeffizienten $= \alpha_i = \left(\frac{\partial Z}{\partial a_i}\right)$: Basislösungswerte der entsprechenden Variablen
- rechten Seite $= \beta_j = \left(\frac{\partial Z}{\partial b_j}\right)$: Schattenpreise (Zielzeilenkoeffizienten der zugehörigen Schlupfvariablen)
- anderen Werte $= \left(\frac{\partial Z}{\partial c_{ij}}\right) = -\ \alpha_i \cdot \beta_j$ („Zeilenwert · Spaltenwert")

  Wie kommt diese Formel zustande? Ein Produkt, das häufiger hergestellt wird, beeinflusst den Zielwert mehr, als ein Produkt, das seltener hergestellt wird. Wenn jedes Stück eines Produkts auf einer Maschine mehr Zeit benötigt, so wirkt sich dies auf den Zielfunktionswert umso stärker aus, je mehr Stück von diesem Produkt hergestellt werden und je mehr diese Nebenbedingung Einfluss auf den Zielfunktionswert hat.

Das Optimal-Tableau des Simplex - Verfahrens im verkürzten Tableau mit den Basisvariablen $x_1, ..., x_n$ und den Nicht - Basisvariablen $y_1,..., y_m$ (nach der k. Iteration) kann formal folgendermaßen dargestellt werden:

k	x_1	x_2	$\cdots$	x_n	RS
Z	z_1	z_2	$\cdots$	z_n	W
	a_{11}	a_{12}	$\cdots$	a_{1n}	b_1
	a_{21}	a_{22}	$\cdots$	a_{2n}	b_2
	$\vdots$	$\vdots$		$\vdots$	$\vdots$
	a_{m1}	a_{m2}	$\cdots$	a_{mn}	b_m

Werden diese Bezeichnungen verwendet, so hat das Sensitivitäts-Tableau folgendes Aussehen:

k^*					RS
Z	b_1	b_2	$\cdots$	b_m	
	$-b_1 \cdot z_1$	$-b_2 \cdot z_1$	$\cdots$	$-b_m \cdot z_1$	z_1
	$-b_1 \cdot z_1$	$-b_2 \cdot z_1$	$\cdots$	$-b_m \cdot z_2$	z_2
	$\vdots$	$\vdots$		$\vdots$	$\vdots$
	$-b_1 \cdot z_1$	$-b_2 \cdot z_m$	$\cdots$	$-b_m \cdot z_m$	z_m

Schattenpreise, die Zielzeilenkoeffizienten der Nichtbasisvariablen im Optimal-Tableau, geben an, um wie viel sich der Zielwert verringert, wenn die zugehörige Restriktion derart nicht ausgeschöpft wird, dass noch eine marginale Einheit mehr Rest bleibt. In mathematischer Schreibweise kann gesagt werden, dass die Erhöhung der Schlupfvariablen y_i um eine marginale Einheit den Zielfunktionswert um s_i Einheiten senkt, bzw. als Gleichung: $\frac{\partial Z}{\partial y_i} = -s_i$. Umgekehrt könnte die Zielfunktion auch erhöht werden, indem die Restriktion gelockert und die rechte Seite der Restriktion erhöht wird. In diesem Fall gibt s_i folglich die Erhöhung des Zielfunktionswertes bei Erhöhung der rechten Seite um eine marginale Einheit an. Je strenger eine Restriktion wird, desto stärker wirkt sich dies auf den Zielfunktionswert aus.

Da eine Erhöhung der Koeffizienten von Nichtbasisvariablen (die ja den Wert 0 haben) nicht zu einer Erhöhung des Zielwertes führt, ist ihr Sensitivitäts - Wert gleich 0.

Betrachten wir zur Illustration das folgende Beispiel:

„ALI" produziert in der Einführungsphase die Döner „Spezial" und „Standard". „Standard" kann zu Beginn nur zu einem Preis von 2 EUR verkauft werden, „Spezial" nur zu einem Preis von 2,50 EUR. „Standard" belastet die Rührmaschine mit 2 Minuten pro Stück, „Spezial" belastet die Küche mit 4 min pro Stück (Herstellung verschiedener Teigfladen). Pro Stunde kann die Rührmaschine nur 16 Minuten laufen, da auf ihr in der restlichen Zeit weitere Produkte geknetet werden. Beim Ofen stehen pro Stunde 12 Minuten zur Herstellung der beiden Produkte zur Verfügung. Pro Stück „Standard" werden 2 Minuten benötigt, pro Stück „Spezial" nur 1 Minute.

Wie kann dieses Problem mathematisch formuliert werden?

Zielfunktion ist der zu maximierende Umsatz:

$\max.\ U = 2x_1 + 2,5x_2$

$s.c.$

$2x_1 + 4x_2 \leq 16$

$2x_1 + x_2 \leq 12$

Offensichtlich führt die Erhöhung von Koeffizienten der Zielfunktion ceteris paribus[1] immer zu einer Erhöhung zu einer Erhöhung des Zielfunktionswertes, (da die Absatzmengen annahme-

[1] ceteris paribus, lat.: unter sonst gleichen Bedingungen.

gemäß konstant bleiben). Die Vorzeichen im Sensitivitäts - Tableau müssen also immer nicht - negativ sein. Gleiches gilt für die Erhöhung der rechten Seite und somit deren Werte im Sensitivitäts-Tableau: je mehr Kapazität zur Verfügung steht, desto mehr kann produziert und somit auch abgesetzt werden.

Das Optimal-Tableau in Form des verkürzten Tableaus sieht folgendermaßen aus:

2	y_2	y_1	RS
U	$0,5$	$0,5$	14
x_2	$-\frac{1}{3}$	$\frac{1}{3}$	$\frac{4}{3}$
x_1	$\frac{2}{3}$	$\frac{1}{6}$	$\frac{16}{3}$

Die Sensitivitäten ergeben sich als[2]:

2*	x_1	x_2	RS
U	$\frac{16}{3}$	$\frac{4}{3}$	
y_1	$-\frac{8}{3}$	$-\frac{2}{3}$	$0,5$
y_2	$-\frac{8}{3}$	$-\frac{2}{3}$	$0,5$

Die Sensitivität der Schlupfvariablen (y_i) ist gleich 0. Dies kann damit begründet werden, dass der Wert der Schlupfvariablen sich nur dann ändern kann, wenn sich die rechte Seite (mindestens) einer Nebenbedingung oder der Wert (mindestens) einer Basisvariablen ändert. Der Wert der Schlupfvariablen ist also von anderen Werten abhängig.
Beim verkürzten Tableau wird das Sensitivitäts-Tableau auf gleicher Weise ermittelt.
Die Ausgangslage ist das folgende Optimal-Tableau:

2	y_1	y_2	RS
U	$\frac{1}{2}$	$\frac{1}{2}$	14
x_2	$\frac{1}{3}$	$-\frac{1}{3}$	$\frac{4}{3}$
x_1	$-\frac{1}{6}$	$\frac{2}{3}$	$\frac{16}{3}$

Das Sensitivitäts-Tableau hat somit das folgende Aussehen:

[2] Man beachte die Reihenfolge der x_i in der Lösung, die zur Aufstellung des Sensitivitätstableaus getauscht werden müssen.

2^*	x_1	x_2	RS
U	$\frac{16}{3}$	$\frac{4}{3}$	
	$-\frac{8}{3}$	$-\frac{2}{3}$	$\frac{1}{2}$
	$-\frac{8}{3}$	$-\frac{2}{3}$	$\frac{1}{2}$

Es muss immer beachtet werden, welcher Wert der rechten Seite in welche Spalte der Zielfunktions - Zeile eingetragen wird. (Die gleiche Aufmerksamkeit wie beim Ablesen der Basislösung ist nötig!)

Stimmen die angegebenen Sensitivitäten?

Dies kann einfach überprüft werden, indem die Koeffizienten des Ausgangstableaus um kleine Einheiten geändert werden und geschaut wird, um wie viel sich der optimale Zielfunktionswert (Hier: 14) erhöht oder vermindert. Wenn die Werte bspw. um $0,001 = \frac{1}{1000}$ geändert werden, ergibt sich:

- Zielfunktionskoeffizienten: Steigerung des Zielfunktionswertes um $\frac{16}{3} \cdot \frac{1}{1000} = \frac{16}{3000} = 0,005\overline{3}$ bzw. $\frac{4}{3} \cdot \frac{1}{1000} = \frac{4}{3000} = 0,001\overline{3}$,
- Werte der rechten Seite: Steigerung des Zielfunktionswertes jeweils um $\frac{1}{2} \cdot \frac{1}{1000} = \frac{1}{2000} = 0,005$
- alle anderen Koeffizienten: Senkung um $0,001 \cdot \left(-\frac{8}{3}\right)$ bzw. $0,001 \cdot \left(-\frac{2}{3}\right)$.

Wenn wir den Zielfunktionswert, den wir nach Änderung des jeweiligen Koeffizienten erwarten, jeweils in das Koeffizientenfeld des Tableaus eintragen, so ergibt sich folgende Darstellung:

	x_1	x_2	RS
U	$14,005\overline{3}$	$14,001\overline{3}$	
y_1	$13,997\overline{3}$	$13,999\overline{3}$	$14,0005$
y_2	$13,997\overline{3}$	$13,999\overline{3}$	$14,0005$

Ändern wir also nacheinander jeden Wert und berechnen die Lösung. Da die Rechnung per Hand zu langwierig wäre, geben wir die Änderungen einfach in LINGO ein. Wenn wir wieder die vorherige Darstellung verwenden, so ergibt sich:

	x_1	x_2	RS
Z	14,0053	14,0013	
y_1	13,9973	13,9993	14,0005
y_2	13,9973	13,9993	14,0005

Die Ergebnisse stimmen also.

4.3 Analyse in EXCEL

Auch mithilfe von EXCEL kann eine Sensitivitätsanalyse durchgeführt werden.
Hierzu muss zuerst, wie bisher, das Datenblatt aufgestellt und die Solver-Eingabe vorgenommen werden. Die Werte für das oben verwendete Beispiel sieht folgendermaßen aus:

	A	B	C	D
1	1	1		
2	2	2,5	4,5	
3	2	4	6	16
4	2	1	3	12

Abbildung~4.1: Tabellenblatt-Eingabe für das Beispiel

Die Solver-Eingabe lautet:

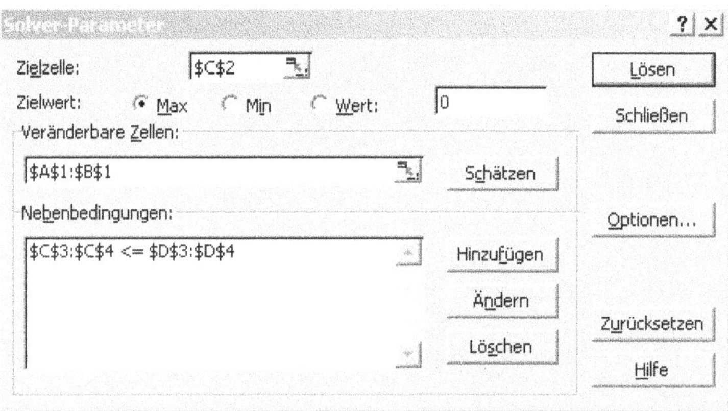

Abbildung~4.2: Solvereingabe für das Beispiel

Es ergibt sich folgende Lösung:

	A	B	C	D
1	5,33333333	1,33333333		
2	10,6666667	3,33333333	14	
3	10,6666667	5,33333333	16	16
4	10,6666667	1,33333333	12	12

Abbildung~4.3: Lösungswerte für das Beispiel

Werden im Dialog

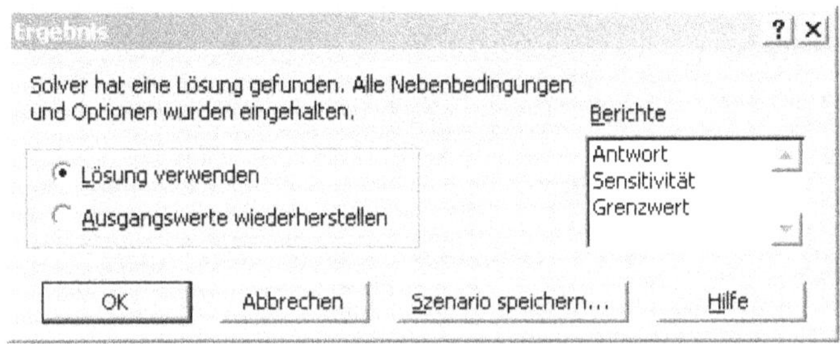

Abbildung~4.4: Abschluss-/Berichtsdialog zur Solverlösung in EXCEL

die „Berichte" aktiviert (ALT drücken und anklicken), so ergeben sich nach Bestätigung mit ENTER die folgenden Berichte:

1. Antwortbericht

   Der Antwortbericht gibt im ersten Teil den Zielwert wieder, im 2. Teil die Ergebniswerte der Entscheidungsvariablen und im 3. Teil die Ausschöpfung der Nebenbedingung durch die Lösung („Zellwert"), die Bindung der Nebenbedingung („Status") und am Ende den nicht ausgeschöpften Teil der Nebenbedingung wieder. Eine Nebenbedingung ist genau dann bindend („einschränkend"), wenn die „Differenz" (aus linker und rechter Seite der Restriktion) den Wert 0 aufweist, die Restriktion also voll ausgeschöpft ist.

Microsoft Excel 9.0 Antwortbericht
Tabelle: [Mappe1]Tabelle1
Bericht erstellt am: 23.10.2007 17:58:07

Zielzelle (Max)

Zelle	Name	Ausgangswert	Lösungswert
$C$2		4,5	14

Veränderbare Zellen

Zelle	Name	Ausgangswert	Lösungswert
$A$1		1	5,333333333
$B$1		1	1,333333333

Nebenbedingungen

Zelle	Name	Zellwert	Formel	Status	Differenz
$C$3		16	$C$3<=$D$3	Einschränkend	0
$C$4		12	$C$4<=$D$4	Einschränkend	0

Abbildung~4.5: Antwortbericht in EXCEL

Da $2 \cdot 5,\overline{3} + 4 \cdot 1,\overline{3} = 16 \leq 16$ und $2 \cdot 5,\overline{3} + 1 \cdot 1,\overline{3} = 12 \leq 12$, sind beide Nebenbedingungen voll ausgeschöpft und somit „einschränkend".

2. Sensitivitätsbericht

Der 2. verfügbare Bericht ist der Sensitivitätsbericht. Er bezieht sich auf die veränderbaren Zellen und die Nebenbedingungen. Im 1. Teil werden die veränderbaren Zellen betrachtet. „Zelle Namen" sind die Zellen, die jeweils geändert werden können (Variablenwerte), „Lösung Endwert" die entsprechenden Lösungswerte. „Reduzierter Gradient" gibt an, um wie viel der Zielzeilenkoeffizient im Anfangstableau geändert weden muss, damit die Variable in die Lösung aufgenommen wird. Variablen, die in der Lösung vertreten sind, haben daher einen "reduzierten Gradienten" von 0 (da ihre Zielzeilenkoeffizienten nicht geändert werden müssen, damit die Variablen in die Lösung aufgenommen werden).

Microsoft Excel 9.0 Sensitivitätsbericht
Tabelle: [Mappe1]Tabelle1
Bericht erstellt am: 23.10.2007 17:58:07

Veränderbare Zellen

Zelle	Name	Lösung Endwert	Reduzierter Gradient
$A$1		5,333333333	0
$B$1		1,333333333	0

Nebenbedingungen

Zelle	Name	Lösung Endwert	Lagrange-Multiplikator
$C$3		16	0,5
$C$4		12	0,5

Abbildung~4.6: Sensitivitätsbericht in EXCEL

Die Anzeige der Nebenbedingungen enthält in der ersten Spalte die Zellen, die die Ausschöpfung der Nebenbedingung angeben, die Werte dieser Zellen steht in der Spalte "Lösung Endwert". Der „Lagrange - Multiplikator" ist der Schattenpreis.

Die Ergebnisse können - wie schon bei der Sensitiviätsanalyse im Simplex-Tableau - einfach überprüft werden, indem die Zellwerte geändert werden. Die Lockerung einer Nebenbedingung um α Einheiten muss also dazu führen, dass der Zielwert $0,5 \cdot \alpha$ steigt. Tatsächlich ergibt sich ceteris paribus, wenn $\alpha = 1$ nacheinander für jede Variable gesetzt wird:

- $D3 = 16 + 1 = 17 : x_1 = 5\frac{1}{6}, x_2 = \frac{5}{3}, Z = 14,5 = 14 + 1 \cdot 0,5$
- $D4 = 12 + 1 = 13 : x_1 = 6, x_2 = 1, Z = 14,5 = 14 + 1 \cdot 0,5$

3. Grenzwertbericht

Der letzte verfügbare Bericht ist der Grenzwertbericht (in dem die veränderbaren Zellen näher untersucht werden). Der 1. Teil stellt den Zielwert dar, der 2. Teil die veränderbaren Zellen.

Microsoft Excel 9.0 Grenzenwertbericht
Tabelle: [Mappe1]Tabelle1
Bericht erstellt am: 23.10.2007 17:58:07

Zelle	Zielzelle Name	Endwert
$C$2		14

Zelle	Veränderbare Zellen Name	Endwert	Untere Grenze	Zielzelle Ergebnis	Obere Grenze	Zielzelle Ergebnis
$A$1		5,333333333	#NV	#NV	5,333333373	14,00000008
$B$1		1,333333333	#NV	#NV	1,333333343	14,00000002

Abbildung~4.7: Grenzwertbericht in EXCEL

„Endwert" bezeichnet hier den optimalen Wert der Variablen, „untere Grenze" / „obere Grenze" beschreibt die Grenzen des Wertebereichs der einzelnen Entscheidungsvariablen, bei denen die Lösung weiterhin zulässig ist (also keine Nebenbedingungen verletzt werden, wenn alle anderen Variablen konstant gehalten werden). Im vorliegenden Fall besteht dieser „Ceteris - Paribus - Wertebereich" der ersten Variablen aus $(-\infty; 5\frac{1}{3}]$ und der der zweiten Variablen aus $(-\infty; 1\frac{1}{3}]$. „Zielzelle Ergebnis" gibt das Ergebnis bei Erreichen der Grenze durch die jeweilige Variable an.

4.4 Analyse in LINGO

Zuerst muss das Problem eingegeben werden:
max=2*x+2.5*y;
2*x+4*y<=16;
2*x+1*y<=12;
Nach Betätigung des „Solve" - Buttons ergibt sich folgende Darstellung:

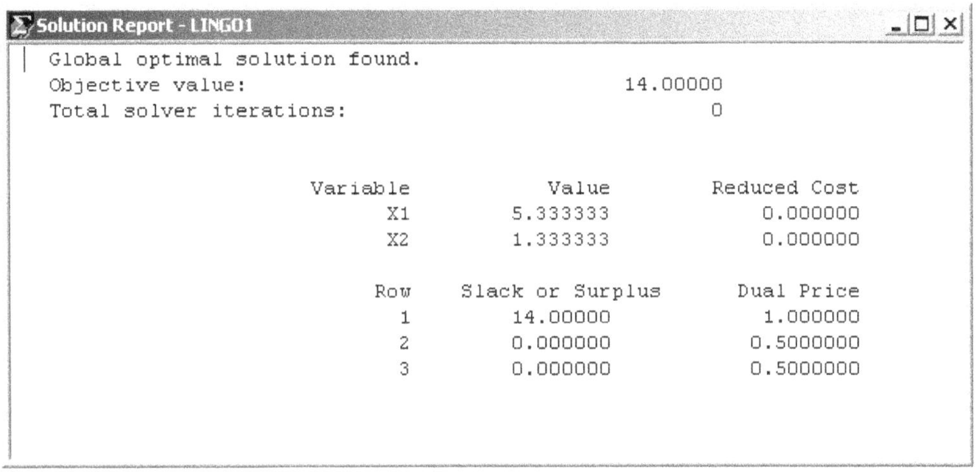

Solution Report - LINGO1

```
Global optimal solution found.
Objective value:                              14.00000
Total solver iterations:                             0


                       Variable           Value        Reduced Cost
                             X1        5.333333            0.000000
                             X2        1.333333            0.000000

                            Row    Slack or Surplus      Dual Price
                              1        14.00000            1.000000
                              2        0.000000           0.5000000
                              3        0.000000           0.5000000
```

Abbildung~4.8: Sensitivitätsanalyse in LINGO

In LINGO existiert keine Unterteilung in verschiedene Berichte, die Daten werden alle in einer Ansicht gezeigt.
Hinter den Variablenwerten stehen die „reduzierten Kosten", ein anderer Name für „reduzierter Gradient" in EXCEL.
Im nächsten Abschnitt werden alle Eingabezeilen separat untersucht:

- In der ersten Spalte steht die Zeilennummer.
- In der 2. Spalte wird angegeben, wieweit die Gleichung ausgeschöpft ist (ob noch „Slack" (Schlupf=ausgeschöpft/bindend) oder „Surplus" (Überschuss) existiert). Im Fall der Zielfunktion steht an dieser Stelle der Zielfunktionswert (14 Einheiten Überschuss, da 14 Einheiten über 0). Keine der Nebenbedingungen hat Überschuss, sie sind also beide bindend.
- Die 3. Spalte drückt aus, wie sich eine Erhöhung der rechten Seiten auf das Ergebnis auswirken würde, also die Schattenpreise.

4.5 Eine weitere Beispielaufgabe

Das soeben verwendete Beispiel ist interessant, da beide Variablen in der Lösung enthalten und somit die Sensitivitäten beider Variablen ungleich 0 sind. Betrachten wir einmal einen Fall, der anders gelagert ist:
$\max K = 3 \cdot x + 4 \cdot y$
$s.c.$
$4 \cdot x + 3 \cdot y \leq 16$

$2 \cdot x + 1 \cdot y \leq 12$

Die Lösung aus LINGO hat folgendes Aussehen:

```
Global optimal solution found.
Objective value:                              21.33333
Total solver iterations:                             1


                Variable           Value        Reduced Cost
                       X        0.000000            2.333333
                       Y        5.333333            0.000000

                     Row    Slack or Surplus      Dual Price
                       1        21.33333            1.000000
                       2        0.000000            1.333333
                       3        6.666667            0.000000
```

Abbildung~4.9: Sensitivitätsbericht in LINGO, 2. Beispiel

Die Spalten „Variable" und „Value" geben jeweils die Variablen und deren Werte an, „Row" die Nummer der Nebenbedingung (Zeile). Widmen wir uns in einem ersten Schritt den reduzierten Kosten. Sie sagen uns, dass, wenn wir den Koeffizient von x um $2,333333$ erhöhten, die Variable in die Lösung aufgenommen würde.

Setzen wir also statt des Koeffizientenwertes 3 in der Zielfunktion den Wert $3 + 2,333333 = 5,333333$. Es ergibt sich, dass die Variable immer noch nicht in die Lösung aufgenommen wird, die reduzierten Kosten liegen bei $0,3333333 \cdot 10^{-06}$. Es steht zu vermuten, dass die reduzierten Kosten des Ausgangsproblems einen Wert von $2,\overline{3} = 2,333...$ ausmachen. Ändern wir den Zielzeilenkoeffizienten also einmal von 3 auf $3+2,\overline{3} = 5,\overline{3} = \frac{16}{3}$. Es ergibt sich folgendes Ergebnis:

```
Variable           Value        Reduced Cost
       X        4.000000            0.000000
       Y        0.000000            0.000000
```

Abbildung~4.10: Ergebnis des 2. Beispiels mit geänderten Werten

Tatsächlich wurde die Variable x nun in die Lösung aufgenommen.

Die weitere Analyse ist analog zur Analyse im ersten Beispiel.

Einige Schlussbemerkungen:

- Um die Sensitivitätsanalyse auch für alle Nebenbedingungen durchführen zu können, dürfen bei der Eliminierung künstlicher Basisvariablen die Spalten nicht gestrichen werden, sondern müssen in der weiteren Rechnung konsequent mitgeführt werden.

- Bei $\geq$ - Restriktionen werden die Vorzeichen umgekehrt, dies gilt auch für die Vorzeichen der Sensitivitäten.

- Die Auswirkungen der verschiedenen Nebenbedingungen werden schnell ersichtlich, wenn folgendes Problem betrachtet wird:

  $\min Z = x$

  $s.c$

  $x \geq 20$

  $x \leq 50$

  Wird die erste Restriktion um eine Einheit erhöht, so *erhöht* sich auch der Zielwert um eine Einheit. Laut LINGO und dem Simplex-Tableau ist die Sensitivität der ersten Restriktion aber -1. Das „falsche" Vorzeichen rührt daher, dass die Zielfunktion *minimiert* werden soll; eine Erhöhung läuft also in die „falsche Richtung". Die Zielrichtung muss also beachtet werden, da das Vorzeichen in manchen Fällen sonst nicht plausibel ist! Einer dieser Fälle liegt hier vor: Eine Erhöhung der rechten Seite der ersten Restriktion führt zu einer Steigerung des Zielfunktionswertes, daher muss die Sensitivität positiv sein! Das Sensitivitätstableau lautet:

1^*	x	RS
Z	20	
y_1	-20	1
y_2	0	0

Erläuterungen:

- Die zweite Restriktion wird nicht ausgeschöpft, somit ist die Sensitivität Null.
- Die erste Restriktion erscheint vielleicht etwas unplausibel:

  Wenn die rechte Seite um eine marginale Einheit erhöht wird, muss der Zielfunktionswert ebenfalls um diese Einheit steigen.

  Der Wert -20 bedeutet, dass, falls statt

  $x \geq 20$ (also $1x \geq 20$) die linke Seite um $0,001$ auf

  $1,001x \geq 20$ geändert wird, der Zielfunktionswert um

  $0,001 \cdot 20$ fällt, also um $0,001 \cdot (-20)$ steigt.

Betrachten wir nun den gleichen Fall als Maximierungsproblen:

$\max Z = x$

$s.c$

$x \geq 20$

$x \leq 50$
Das zugehörige End-Tableau lautet:

	y_2	RS
Z	1	50
x	1	50
y_1	1	30

In diesem Fall läuft die Erhöhung in der 2. Restriktion in die gleiche Richtung wie die Zielfunktion, weshalb das Vorzeichen der Sensitivität (Zielfunktionszeile, Spalte y_2) positiv ist.
Eine weitere Aufgabe:
Gegeben ist das folgende Optimal-Tableau eines Maximierungsproblems mit ausschließlich Kleiner - Gleich - Nebenbedingungen:

4	y_1	x_1	RS
Z	2	3	20
x_2	4	1	10
y_2	3	5	6

Bestimmen Sie zur Übung zuerst selbst das Sensitivitäts-Tableau.
Die Lösung lautet somit:

4*	x_1	x_2	RS
Z	0	10	
y_1	0	-20	2
y_2	0	0	0

4.6 Elastizitäten

Eine Elastizität gibt, allgemein gesagt, die prozentuale Änderung einer abhängigen Variablen bei der Steigerung der unabhängigen Variablen um 1% an. In unserem speziellen Fall gibt eine Elastizität die prozentuale Änderung des Zielfunktionswertes bei Erhöhung eines Koeffizienten k um 1% an.

Allgemein: $\varepsilon_k = \frac{\frac{\partial Z}{Z}}{\frac{\partial k}{k}} = \underbrace{\frac{\partial Z}{\partial k}}_{\text{Sensitivität}} \cdot \frac{k}{Z}$

Betrachten wir bspw. das Einführungsbeispiel. Es ergab sich folgendes Optimal-Tableau:

2	y_1	y_2	RS
Z	$\frac{1}{2}$	$\frac{1}{2}$	14
x_2	$\frac{1}{3}$	$-\frac{1}{3}$	$\frac{4}{3}$
x_1	$-\frac{1}{6}$	$\frac{2}{3}$	$\frac{16}{3}$

Das Sensitivitäts-Tableau ist somit (man beachte die Reihenfolge von x_1, x_2):

2*	x_1	x_2	RS
Z	$\frac{16}{3}$	$\frac{4}{3}$	
y_1	$-\frac{8}{3}$	$-\frac{2}{3}$	$\frac{1}{2}$
y_2	$-\frac{8}{3}$	$-\frac{2}{3}$	$\frac{1}{2}$

Für den Koeffizienten von x_1 in der Zielfunktionszeile ergibt sich eine Elastizität von

$\varepsilon_k = \underbrace{\frac{\partial Z}{\partial x_1}}_{\text{Sensitivität}} \cdot \frac{x_1}{Z} = \frac{16}{3} \cdot \frac{\frac{16}{3}}{14} \approx 2,0317$

Wird also dieser Koeffizient (der Preis von Produkt 1) um 1% erhöht, so steigt der Zielfunktionswert (Umsatz) um 2,0317%, vorausgesetzt, die Kunden kaufen auch alles, was hergestellt wird (keine Frage, bei solch leckerem Essen...).

Kapitel 5

Nichtlineare Zielfunktion unter Sicherheit

Weiterführende Literatur:
Bartsch, H. - J.: „Taschenbuch mathematischer Formeln" (2001), S. 403 ff.
Ohse, D.: „Mathematik für Wirtschaftswissenschaftler I" (2002), Kapitel 8.
Ohse, D.: „Mathematik für Wirtschaftswissenschaftler II", (2000), Kapitel 7.
Varian, H.: „Grundzüge der Mikroökonomik" (2001), Kapitel 20.
Lernziele: Am Ende dieses Kapitels sollen Sie...
...Probleme mit nichtlinearer Zielfunktion und nichtlinearen Nebenbedingungen optimieren können.
...beurteilen können, ob das gefundene Optimum ein Maximum oder ein Minimum ist.
Nicht immer sind die Zielfunktionen und Nebenbedingungen linear. Ganz im Gegenteil: Es gibt das Ertragsgesetz, das Gesetz des abnehmenden Grenznutzens, es existieren Sättigungsmengen,.... Nichtlineare Probleme treten im Alltag eines Ökonomen häufig auf. In diesen Fällen hilft uns das Simplex-Verfahren nicht weiter. Andere Werkzeuge müssen her. Eines davon wird in diesem Kapitel vorgestellt.

5.1 Fall 1: Keine Nebenbedingungen

5.1.1 Optimierung bei einer Variablen

Diesen Fall kennen wir bereits aus der Schule. Es liegt eine Funktion $f(x)$ vor, deren Extremstellen bestimmt werden sollen. Betrachten wir beispielhaft die Funktion $f(x) = x^2$. Sie hat das folgende Aussehen:

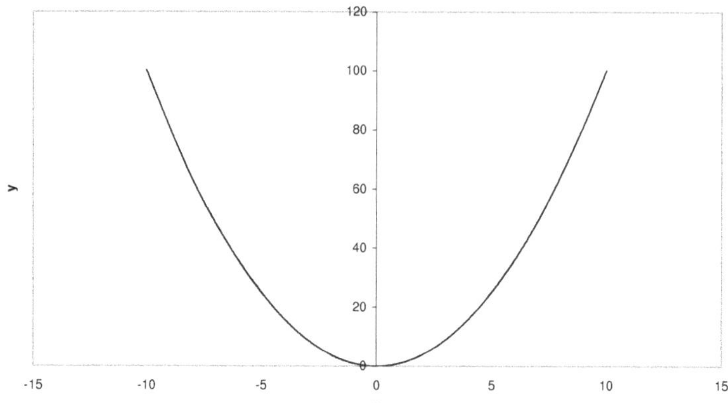

Abbildung~5.1: Graph -Funktion einer Variablen ohne Nebenbedingung

Die Extrema werden bestimmt, indem die erste Ableitung gebildet wird und diese mit 0 gleichgesetzt wird. In unserem Fall ergibt sich:
$\frac{\partial f(x)}{\partial x} = \frac{\partial x^2}{\partial x} = 2x = f'(x)$. Diese Funktion gibt die Steigung von $f(x)$ an der Stelle x wieder. Nullsetzen führt zu:
$2x = 0 \Leftrightarrow x = 0$
Das Extremum ist an der Stelle $x = 0$. Der Vergleich mit dem Graphen hilft, die Richtigkeit zu überprüfen. Die Steigung im Extrempunkt ist tatsächlich 0.
Liegt an der Stelle nun ein Maximum oder ein Minimum vor? Wenn die Steigung zunimmt $\left(\frac{\partial^2 f(x)}{\partial x^2} > 0\right)$, muss es ein Minimum sein, wenn sie abnimmt $\left(\frac{\partial^2 f(x)}{\partial x^2} < 0\right)$, ein Maximum.
Die Veränderung der Steigung wird durch die 2. Ableitung beschrieben:
$\frac{\partial^2 f(x)}{\partial x^2} = 2 > 0$
Die Veränderung der Steigung ist positiv, die Steigung nimmt also immer mehr zu, somit liegt ein Minimum vor. Wieder kann die Richtigkeit am Graphen überprüft werden: Er steigt immer weiter an!

5.1.2 Optimierung bei n Variablen

Bei n Variablen ist die Bestimmung des Optimums etwas schwieriger als bei einer Variablen. Betrachten wir hierzu die Funktion
$f(x, y) = x^2 + xy + y^2$
Das Minimum dieser Funktion liegt offensichtlich, analog dem Fall mit einer Variablen, $f(x) = x^2$, bei $x = y = 0 \Rightarrow f(x, y) = 0$
Wir berechnen es, indem wir alle ersten Ableitungen bilden:
$\frac{\partial f(x,y)}{\partial x} = 2x + y = 0 \ (I)$
$\frac{\partial f(x,y)}{\partial y} = x + 2y = 0 \ (II)$
$(I) \Rightarrow y = -2x$ in (II)
$x + 2 \cdot (-2x) = 0$

$\Rightarrow x = 0 \Rightarrow y = 0$

Die Bestimmung, ob ein Maximum oder ein Minimum vorliegt, gestaltet sich etwas schwieriger. Wir benötigen hierfür die sogenannte „Hesse-Matrix"[1].

Sie hat für unser Beispiel das folgende Aussehen (zur Hilfe: In jedem Feld steht eine 2. Ableitung, dies ist die Ableitung nach der Variablen, die in der Zeilenbeschriftung steht und anschließend die Ableitung nach der Variablen, die im Spaltenkopf steht.):

$$H = \begin{pmatrix} & \text{Ableitung nach x} & \textit{Ableitung} \text{ nach z} \\ \text{Ableitung nach x} & \frac{\partial^2 f(x,y)}{\partial x^2} & \frac{\partial^2 f(x,y)}{\partial x \partial y} \\ \text{Ableitung nach y} & \frac{\partial^2 f(x,y)}{\partial y \partial x} & \frac{\partial^2 f(x,y)}{\partial y^2} \end{pmatrix} = \begin{pmatrix} 2 & 1 \\ 1 & 2 \end{pmatrix}$$

Für eine Entscheidung über die Art des Extremums werden die Hauptabschnittsdeterminanten (HAD)[2] benötigt. Es gilt:

Maximum: Hauptabschnittsdeterminanten alternieren[3] derart, dass die letzte HAD das Vorzeichen $(-1)^n$ besitzt.

Minimum: Hauptabschnittsdeterminanten sind alle positiv: $H_1 > 0, H_2 > 0, ...$

Betrachten wir einmal die Hauptabschnittsdeterminanten im vorliegenden Beispiel:

$$|H_1| = 2 > 0, |H_2| = \begin{vmatrix} 2 & 1 \\ 1 & 2 \end{vmatrix} = 2 \cdot 2 - 1 \cdot 1 = 3 > 0$$

Alle Hauptabschnittsdeterminanten sind positiv, somit liegt ein Minimum vor.[4]

5.2 Fall 2: Nebenbedingungen

5.2.1 Optimierung bei m Nebenbedingungen

Betrachten wir zunächst den einfachen Fall einer Nebenbedingung ($m = 1$):

$\min Z = x^2 + y$

$s.c.\ x \cdot y = 5$

[1] Ludwig Otto Hesse (22.4.1811 - 4.8.1874), Studium in Königsberg (Kaliningrad) (u. A. bei Jacobi und Richelot), Promotion 1840 über ein Thema der analytischen Geometrie, danach Dozent in Königsberg. Weitere Lehrtätigkeiten in Halle (ab 1855), Heidelberg (ab 1856) und München (ab 1868). Die Hesse-Matrix und -Determinante wurden von ihm erforscht und daher nach ihm benannt.

[2] Hauptabschnittsdeterminanten (HADs) sind Determinanten quadratischer Matrizenausschnitte betrachtet aus dem Element in der linken oberen Ecke (ähnlich einem Koordinatensystem, was aber nach unten geht).
Erste HAD: Element mit Koordinaten (1;1)
Zweite HAD: Elemente (1;1)-(2;2)
...
n-te HAD: Element (1;1)-(n;n)

[3] alternieren = im Vorzeichen wechseln

[4] Dies war auch zu erwarten, da die Funktion für wachsende x, z gegen ∞ strebt, also inbesondere kein Maximum besitzt.

5.2.2 Lösung

Lösung durch Einsetzen

Dieser Lösungsansatz ist mithilfe der Schulmathematik einfach nachvollziehbar: Forme die Nebenbedingung(en) derart um, dass jede Nebenbedingung nach einer Variablen ersetzt wird, setze diese Nebenbedingungen dann in die Zielfunktion ein. Es ergibt sich eine Zielfunktion mit nur einer Variablen, deren Optimum mithilfe von Ableiten und Nullsetzen gelöst werden kann. Dieser Ansatz funktioniert allerdings nur, wenn bei n Variablen $n-1$ Nebenbedingungen vorliegen (und somit $n-1$ Variablen gebunden werden, also nur eine übrigbleibt).
In unserem Fall bedeutet dies:
aus $x \cdot y = 5$ wird $x = \frac{5}{y}$
Eingesetzt in die Zielfunktion:
$Z = x^2 + y = \left(\frac{5}{y}\right)^2 + y = \frac{5^2}{y^2} + y = \frac{25}{y^2} + y$
Ableiten ergibt:
$\frac{\partial Z}{\partial y} = (-2) \cdot \frac{25}{y^3} + 1 = -\frac{50}{y^3} + 1 = 0$
$\Rightarrow y = 50^{\frac{1}{3}}$
$\left(x = \frac{5}{y}\right) \Rightarrow x = 2,5^{\frac{1}{3}}$
$Z = 2,5^{\frac{2}{3}} + 50^{\frac{1}{3}} > 0$
Von welcher Art ist das Extremum?
Wir bestimmen die 2. Ableitung der Funktion mit einer Variablen, $Z(y)$:
$\frac{\partial^2 Z}{\partial y^2} = \frac{20}{y^3}$
Es ist also:
$\frac{\partial^2 Z}{\partial y^2} > 0 \Leftrightarrow y > 0$
$\frac{\partial^2 Z}{\partial y^2} < 0 \Leftrightarrow y < 0$
Da $y = 50^{\frac{1}{3}} > 0$, ist das Extremum ein Minimum.

Lösung mit der Lagrange-Multiplikatormethode

Beim Lagrange-Verfahren werden in einem ersten Schritt die Nebenbedingungen (N_i) nach 0 aufgelöst und anschließend die Langrange-Funktion bestimmt:
$\mathfrak{L} = Zielfunktion + \lambda_1 \cdot N_1 + \lambda_2 \cdot N_2 + ... + \lambda_m \cdot N_m$
Anschließend werden die ersten Ableitungen nach allen Variablen und allen λ_i bestimmt, gleich 0 gesetzt und das entstehende Gleichungssystem gelöst.
Versuchen wir dies an unserem Beispiel (da nur eine Nebenbedingung vorliegt, setzen wir $\lambda_1 = \lambda$):
$\mathfrak{L} = x^2 + y + \lambda(5 - x \cdot y)$
$\frac{\partial \mathfrak{L}}{\partial x} = 2 \cdot x - \lambda \cdot y = 0 \Rightarrow 2 \cdot x = \lambda \cdot y \ (I)$
$\frac{\partial \mathfrak{L}}{\partial y} = 1 - \lambda \cdot x = 0 \Rightarrow 1 = \lambda \cdot x \ (II)$
$\frac{\partial \mathfrak{L}}{\partial \lambda} = 5 - x \cdot y = 0 \ (III)$
$\frac{(I)}{(II)} \Rightarrow 2x = \frac{y}{x} \Rightarrow y = 2 \cdot x^2$ in (III)

$\Rightarrow 2 \cdot x^2 \cdot x = 5 \Rightarrow x = 2,5^{\frac{1}{3}} \approx 1,357$
$y = 2 \cdot x^2 = 2 \cdot 2,5^{\frac{2}{3}} \approx 3,684$
Das Ergebnis ist entspricht also dem obigen.
Für die Prüfung, ob ein Maximum oder ein Minimum vorliegt, wird wiederum die Hesse-Matrix benötigt.
Es handelt sich hierbei allerdings um eine „geränderte" Hesse-Matrix, da bei den 2. Ableitungen auch die Ableitungen nach λ gebildet werden müssen.
$\frac{\partial^2 \mathfrak{L}}{\partial x^2} = 2$
$\frac{\partial^2 \mathfrak{L}}{\partial x \partial y} = -\lambda \approx -0,737$
$\frac{\partial^2 \mathfrak{L}}{\partial y^2} = 0$
$\frac{\partial^2 \mathfrak{L}}{\partial \lambda^2} = 0$
$\frac{\partial^2 \mathfrak{L}}{\partial \lambda \partial x} = -y \approx -3,684 \Rightarrow y \approx 3,684$
$\frac{\partial^2 \mathfrak{L}}{\partial \lambda \partial y} = -x \approx -1,357 \Rightarrow x \approx 1,357$
Die Hesse-Matrix ist in diesem Fall:

$$H = \begin{pmatrix} & \text{Ableitung nach } \lambda & \text{Ableitung nach x} & \text{Ableitung nach x} \\ \text{Ableitung nach } \lambda & \frac{\partial^2 \mathfrak{L}}{\partial \lambda^2} & \frac{\partial^2 \mathfrak{L}}{\partial \lambda \partial x} & \frac{\partial^2 \mathfrak{L}}{\partial \lambda \partial y} \\ \text{Ableitung nach } x & \frac{\partial^2 \mathfrak{L}}{\partial \lambda \partial x} & \frac{\partial^2 \mathfrak{L}}{\partial x^2} & \frac{\partial^2 \mathfrak{L}}{\partial x \partial y} \\ \text{Ableitung nach } y & \frac{\partial^2 \mathfrak{L}}{\partial \lambda \partial y} & \frac{\partial^2 \mathfrak{L}}{\partial y \partial x} & \frac{\partial^2 \mathfrak{L}}{\partial y^2} \end{pmatrix}$$

Das Einsetzen der Werte liefert:

$$H = \begin{pmatrix} & \text{Ableitung nach } \lambda & \text{Ableitung nach x} & \text{Ableitung nach x} \\ \text{Ableitung nach } \lambda & 0 & -3,684 & -1,357 \\ \text{Ableitung nach } x & -3,684 & 2 & -0,737 \\ \text{Ableitung nach } y & -1,357 & -0,737 & 0 \end{pmatrix}$$

Die Ableitungen nach λ verfälschen die ersten beiden HAD sehr stark, es wird daher nur die $(2m+1)-$te, also die 3. HAD $(2m + 1 = 2 \cdot 1 + 1 = 3)$ berechnet. Es ergibt sich mithilfe der Sarrus'schen Regel[5]:
$|H_3|$
$= 0 \cdot 2 \cdot 0 + (-3,684) \cdot (-0,737) \cdot (-1,357) + (-1,357) \cdot (-3,684) \cdot (-0,737)$
$- [(-1,357) \cdot 2 \cdot (-1,357) + (-0,737) \cdot (-0,737) \cdot 0 + 0 \cdot (-3,684) \cdot (-3,684)]$
$= -11,051 < 0$

Lemma 1 *Es liegt ein:*

- *Maximum vor, wenn die HAD der Ordnung* $2m+1$ *wechselnde Vorzeichen haben, die letzte HAD muss das Vorzeichen* $(-1)^n$ *besitzen.*

[5]Pierre Frédéric Sarrus (1798 - 1861), französischer Mathematiker.

- *Minimum vor, wenn alle HAD der Ordnung* $2m+1$ *das Vorzeichen* $(-1)^m$ *besitzen.*[6]

In unserem Beispiel liegen zwei Variablen ($n=2$) und eine Nebenbedingung ($m=1$) vor.
Da $2m+1=3$, ist nur die letzte HAD relevant, diese ist negativ.
$(-1)^n=(-1)^2=+1>0$
$(-1)^m=(-1)^1=-1<0$
Der 2. Fall ist erfüllt, das Extremum ist also ein Minimum. Das gleiche Ergebnis erhielten wir bei der Berechnung mittels Einsetzen, es ist folglich wahrscheinlich richtig.
Wichtig ist noch der folgende Aspekt:
Dieses Verfahren findet, wie alle Verfahren, die auf der ersten Ableitung beruhen, nur die Extrema, bei denen die erste Ableitung gleich 0 ist. Liegen die Extrema allerdings auf dem Rand des zulässigen Bereichs (Randextrema), so werden sie nicht gefunden.
Die Regeln sehen kompliziert aus, sind es aber nicht. Betrachten wir hierzu den Fall einer Variablen und keiner Nebenbedingung, den wir aus der Schule kennen. In diesem Fall ist ein Extremum ein

- Maximum, wenn das Vorzeichen der 2. Ableitung gleich dem von $(-1)^n=(-1)^1=-1$ ist.
- Minimum, wenn das Vorzeichen aller HAD (es gibt nur eine) das Vorzeichen $(-1)^m=(-1)^0=+1$ aufweisen.

Es müssen die HAD der Ordnung $2m+1=2\cdot 0+1=1$ überprüft werden, eben genau die erste HAD.
Betrachten wir wiederum die Funktion $f(x)=x^2$.
Die erste Ableitung ist:
$\frac{\partial \mathfrak{f}(x)}{\partial x}=2x=0 \Leftrightarrow x=0$
Die 2. Ableitung ist:
$\frac{\partial^2 \mathfrak{f}(x)}{\partial x^2}=2$
Die Hesse-Matrix ist somit:
$H=(2)$
Es ist $m=0, n=1$.
Es werden die HAD ab der Ordnung $2m+1=1$ betrachtet.
Ein Maximum liegt vor, wenn die HAD das gleiche Vorzeichen wie $(-1)^n=-1$ besitzt.
Ein Minimum liegt vor, wenn die HAD das gleiche Vorzeichen wie $(-1)^m=+1$ besitzt.
Da $2>0$, liegt ein Minimum vor.

5.2.3 Ökonomisches Problem

Eine lineare Funktion für den Output bei Produktion mithilfe von Kapital (Maschinen, K) und Arbeit (Menschen, L) der Form

[6] Im Fall der nichtlinearen Optimierung ohne Nebenbedingung (s. vorheriger Abschnitt) ist $m=0$. Die dort angewandte Regel ist also ein Spezialfall der hier verwendeten.

$Y = a \cdot K + b \cdot L$
würde implizieren, dass Y auch ausschließlich durch Kapital- bzw. Arbeitseinsatz hergestellt werden kann (da $Y > 0$ möglich, auch wenn entweder $K = 0$ oder $L = 0$). Aus diesem Grund werden häufig nichtlineare Funktionen der Form
$Y = K^a \cdot L^b$
verwendet. Funktionen dieser Form werden als „Cobb-Douglas-Funktionen" bezeichnet.
Soll die optimale Allokation der Einsatzfaktoren gefunden werden, soll also bestimmt werden, mit welcher Faktorkombination bei gegebenem Budget eine maximale Menge produziert werden kann, so hilft der Simplex-Algorithmus offensichtlich nicht weiter. An dieser Stelle wird wieder das Lagrange-Multiplikator-Verfahren herangezogen. Bezogen auf unsere Freunde von „ALI" könnte die Frage gestellt werden, ob besser mehrere Maschinen verwendet werden oder Mitarbeiter den Teig per Hand durchkneten. (Eine konstante und bekannte Arbeitsgeschwindigkeit der Arbeiter wird zur Vereinfachung vorausgesetzt.) Dieses Kapitel liefert zudem fundamentale Erkenntnisse zum Verständnis, warum Unternehmen menschliche durch maschinelle Arbeit ersetzen.

5.2.4 Lösung des ökonomischen Problems

Es soll an dieser Stelle nicht auf die mathematischen Hintergründe des Lagrange-Verfahrens eingegangen, sondern ausschließlich das Vorgehen à la Kochrezept beschrieben werden.
Gegeben sei die Zielfunktion, die Produktionsfunktion
$Y = K^{0,1} \cdot L^{0,9}$
und die Nebenbedingung (Arbeitslohn: 20 EUR/Stunde, Maschinenkosten: 5 EUR/Stunde, Budget: 200 EUR)
$200 = 5 \cdot K + 20 \cdot L$
Gesucht ist die maximale Menge, die unter Einhaltung der Budgetrestriktion produziert werden kann.

Lösung durch Umformung

Aus der Schule ist noch bekannt, dass die Extremstellen einer Funktion mit einer Variablen durch das Bilden der ersten Ableitung und Nullsetzen ermittelt werden kann. Die Nebenbedingung lösen wir daher nach einer beliebigen Variablen auf und setzen sie dann in die Zielfunktion ein. Wir entscheiden uns (zur Vereinfachung der Rechnung) für K und erhalten:
$K = 40 - 4 \cdot L$
Das Einsetzen in die Produktionsfunktion liefert:
$Y = (40 - 4 \cdot L)^{0,1} \cdot L^{0,9}$
Bilden wir nun die erste Ableitung (Achtung: Ketten- und Produktregel!):
$\frac{\partial Y}{\partial L} = 0,1 \cdot (40 - 4 \cdot L)^{-0,9} \cdot (-4) \cdot L^{0,9} + (40 - 4 \cdot L)^{0,1} \cdot 0,9 \cdot L^{-0,1} = 0$
Die Umformung liefert:
$0,4 \cdot (40 - 4 \cdot L)^{-0,9} \cdot L^{0,9} = (40 - 4 \cdot L)^{0,1} \cdot 0,9 \cdot L^{-0,1} \quad / \cdot (40 - 4 \cdot L)^{0,9}$

$\Rightarrow 0,4 \cdot L^{0,9} = (40 - 4 \cdot L) \cdot 0,9 \cdot L^{-0,1} \quad / \cdot L^{0,1}$
$\Rightarrow 0,4 \cdot L = (40 - 4 \cdot L) \cdot 0,9 \quad / : 0,9$
$\Rightarrow \frac{4}{9} \cdot L = 40 - 4 \cdot L \quad / + 4 \cdot L$
$\Rightarrow \frac{40}{9} \cdot L = 40 \quad / : \frac{40}{9}$
$\Rightarrow L^* = 9$
Aus $K = 40 - 4 \cdot L$ folgt nun:
$K^* = 4$
Die maximale Produktionsmenge ist dann:
$Y = 4^{0,1} \cdot 9^{0,9} \approx 8,3$
Was bedeutet dies?
Im Optimum werden zu Kosten von 200 EUR insgesamt 8,3 Stück hergestellt, wobei 4 Maschinen- und 9 Arbeitsstunden aufgewendet werden.
Ist die Lösung ein Maximum oder ein Minimum?
Wir haben weiter oben festgestellt:

- Bei einem Maximum gilt für die 2. Ableitung: $Y - \frac{\partial^2 F}{\partial L^2} < 0$
- Bei einem Minimum gilt für die 2. Ableitung: $Y - \frac{\partial^2 F}{\partial L^2} > 0$

Die Funktion lautet : $Y = (40 - 4 \cdot L)^{0,1} \cdot L^{0,9}$
Die erste Ableitung ist (s. o.):
$\frac{\partial Y}{\partial L} = 0,1 \cdot (40 - 4 \cdot L)^{-0,9} \cdot (-4) \cdot L^{0,9} + (40 - 4 \cdot L)^{0,1} \cdot 0,9 \cdot L^{-0,1}$
Die 2. Ableitung lautet daher:

$$\frac{\partial^2 Y}{\partial L^2}$$
$$=\underbrace{0,1 \cdot (-0,9) \cdot (40 - 4 \cdot L)^{-1,9} \cdot (-4) \cdot L^{0,9}}_{<0}$$
$$+ \underbrace{0,1 \cdot (40 - 4 \cdot L)^{-0,9} \cdot (-4) \cdot 0,9 \cdot L^{-0,1}}_{<0}$$
$$+ \underbrace{0,1 \cdot (-4) \cdot (40 - 4 \cdot L)^{-0,9} \cdot 0,9 \cdot L^{-0,1}}_{<0}$$
$$+ \underbrace{(40 - 4 \cdot L)^{0,1} \cdot 0,9 \cdot (-0,1) \cdot L^{-1,1}}_{<0}$$
$$< 0$$

Somit ist das gefundene Extremum ein Maximum.

Lösung mit Lagrange

Die Nebenbedingung muss wieder nach 0 aufgelöst werden.
Nun werden die Ableitungen erster Ordnung nach allen Variablen gebildet, nach 0 aufgelöst und das entstehende Gleichungssystem gelöst.
Betrachten wir erneut das Produktionsbeispiel:
Zielfunktion: $Y = K^{0,1} \cdot L^{0,9}$

Nebenbedingung: $200 = 5 \cdot K + 20 \cdot L$

Das Umformen der Nebenbedingung führt zu $200 - 5 \cdot K - 20 \cdot L = 0$.

Die Lagrange-Funktion hat somit die Form:

$\mathfrak{L} = K^{0,1} \cdot L^{0,9} + \lambda \cdot (200 - 5 \cdot K - 20 \cdot L)$

Die Ableitungen lauten:

$\frac{\partial \mathfrak{L}}{\partial K} = 0,1 \cdot K^{-0,9} \cdot L^{0,9} - 5 \cdot \lambda = 0 \Rightarrow 0,1 \cdot K^{-0,9} \cdot L^{0,9} = 5 \cdot \lambda \qquad (I)$

$\frac{\partial \mathfrak{L}}{\partial L} = 0,9 \cdot K^{0,1} \cdot L^{-0,1} - 20 \cdot \lambda = 0 \Rightarrow 0,9 \cdot K^{0,1} \cdot L^{-0,1} = 20 \cdot \lambda \qquad (II)$

$\frac{\partial \mathfrak{L}}{\partial \lambda} = 200 - 5 \cdot K - 20 \cdot L = 0 \qquad (III)$

Nun verwenden wir wieder den Trick: Um die Gleichungen (I) und (II) aufzulösen, dividieren wir die erste durch die zweite:

$\frac{(I)}{(II)} \Rightarrow \frac{0,1 \cdot K^{-0,9} \cdot L^{0,9}}{0,9 \cdot K^{0,1} \cdot L^{-0,1}} = \frac{5 \cdot \lambda}{20 \cdot \lambda}$

$\Rightarrow \frac{L}{9 \cdot K} = \frac{1}{4} \Rightarrow L = \frac{9}{4} \cdot K$

Das Einsetzen in (III) führt zu:

$200 - 5 \cdot K - 20 \cdot \frac{9}{4} \cdot K = 0$

$\Rightarrow 200 = 50 \cdot K \Rightarrow K^* = 4$

$L^* = \frac{9}{4} \cdot K^* = 9$

Das Ergebnis ist, wie erwartet, identisch mit dem bei Umformung und Einsetzen.

Ökonomische Untersuchung

Wir können einige ökonomische Schlussfolgerungen ableiten, wenn wir das Problem einmal allgemein betrachten:

$Y = K^a \cdot L^b$

$s.c.$

$B = p_1 \cdot K + p_2 \cdot L$

Die Lagrange-Funktion lautet nun:

$\mathfrak{L} = K^a \cdot L^b + \lambda \cdot (B - p_1 \cdot K + p_2 \cdot L)$

Die Ableitungen ergeben sich als:

$\frac{\partial \mathfrak{L}}{\partial K} = a \cdot K^{a-1} \cdot L^b - \lambda \cdot p_1 = 0 \Rightarrow a \cdot K^{a-1} \cdot L^b = \lambda \cdot p_1 \quad (I)$

$\frac{\partial \mathfrak{L}}{\partial L} = b \cdot K^a \cdot L^{b-1} - \lambda \cdot p_2 = 0 \Rightarrow b \cdot K^a \cdot L^{b-1} = \lambda \cdot p_2 \quad (II)$

$\frac{\partial \mathfrak{L}}{\partial \lambda} = B - p_1 \cdot K - p_2 \cdot L = 0 \qquad (III)$

$\frac{(I)}{(II)} \Rightarrow \frac{a \cdot K^{a-1} \cdot L^b}{b \cdot K^a \cdot L^{b-1}} = \frac{\lambda \cdot p_1}{\lambda \cdot p_2}$

$\Rightarrow \frac{a \cdot L}{b \cdot K} = \frac{p_1}{p_2}$

$\Rightarrow L = \frac{p_1}{p_2} \cdot \frac{b \cdot K}{a}$ bzw. $K = L \cdot \frac{a}{b} \cdot \frac{p_2}{p_1}$

Das Einsetzen in die Kostenrestriktion führt zu:

$B = p_1 \cdot K + p_2 \cdot \left(\frac{p_1}{p_2} \cdot \frac{b \cdot K}{a}\right)$

$\Rightarrow B = p_1 \cdot K + p_1 \cdot \frac{b \cdot K}{a} = p_1 \cdot \left(1 + \frac{b}{a}\right) \cdot K = p_1 \cdot \frac{a+b}{a} \cdot K$

$\Rightarrow K^* = \frac{B}{p_1} \cdot \frac{a}{a+b}$

Mit $L = \frac{p_1}{p_2} \cdot \frac{b \cdot K}{a}$ folgt:

$L^* = \frac{B}{p_2} \cdot \frac{b}{a+b}$

Berechnen wir noch die Elastizitäten[7] von Kapital und Arbeit:

$\frac{\frac{\partial Y}{Y}}{\frac{\partial K}{K}} = \frac{\partial Y}{\partial K} \cdot \frac{K}{Y} = a \cdot K^{a-1} \cdot L^b \cdot \frac{K}{Y} = a \cdot \frac{K^a \cdot L^b}{Y} = a$

$\frac{\frac{\partial Y}{Y}}{\frac{\partial L}{L}} = \frac{\partial Y}{\partial L} \cdot \frac{L}{Y} = b \cdot K^a \cdot L^{b-1} \cdot \frac{L}{Y} = b \cdot \frac{K^a \cdot L^b}{Y} = b$

Dieses Ergebnis lässt einen weitreichenden ökonomischen Schluss zu: Die optimale Menge an Arbeitseinsatz (und somit Arbeitsplätzen) kann (nach diesem Modell) nur dann steigen, wenn ceteris paribus:

- Kapital relativ zu Arbeit teurer wird und/oder
- die Produktionselastizität (b) von Arbeit relativ zu der von Kapital steigt.

In diesem Modell führen folgende Aktionen also ceteris paribus zu sinkender Arbeitslosigkeit bzw. mehr Beschäftigung:

- sinkende Reallöhne,
- steigende Realzinssätze,
- höhere Produktivität der Arbeitskräfte (z. B. durch bessere Ausbildung),
- sinkende Produktivität der Maschinen im Vergleich zur Arbeit.

[7] Die Elastizität eines Produktionsfaktors gibt die prozentuale Erhöhung des Outputs an, wenn von dem Produktionsfaktor 1% mehr eingesetzt wird.

Kapitel 6

Entscheidung unter Unsicherheit

Laux, H.: „Entscheidungstheorie"(2007), Abschnitt C.
Lernziele: Am Ende dieses Kapitels sollen Sie...
...verstanden haben, was Entscheidungen unter Unsicherheit charakterisiert.
...Entscheidungsregeln zur Bestimmung optimaler Alternativen unter Unsicherheit kennen und diese anwenden können.
...deren Vor- und Nachteile kennen und diese verstanden haben.

Bei einer Entscheidung unter Unsicherheit ist die Zukunft nicht festgelegt, es existieren mehrere verschiedene mögliche Umweltzustände. Zudem liegt eine begrenzte Zahl verschiedener Alternativen vor, allerdings wird nur ein Ziel betrachtet. In der Nomenklatur der Ergebnismatrix gilt hier, dass $m, n > 1$ und $o = 1$. Es ist allerdings nicht bekannt, mit welcher Wahrscheinlichkeit die einzelnen Umweltzustände eintreten.

Für die folgende Darstellung kommen nur solche Alternativen in Frage, die effizient sind, was bedeutet, dass keine Alternative in allen Umweltzuständen zu besseren Ergebnissen führt als eine andere. Es darf also keine Alternative dominiert werden. Wenn bspw. der Gewinn betrachtet wird, darf eine solche Entscheidungssituation, wie folgende Tabelle wiedergibt, nicht auftreten:

	U_1	U_2
A_1	100	200
A_2	70	30

In diesem Fall liefert Alternative A_1 in jedem Umweltzustand ein besseres Ergebnis als Alternative A_2 : A_2 wird von A_1 dominiert.

6.1 Fallbeispiel

Der Dönerverkauf des „Standard"- und „Spezial"-Döners (vgl. Kapitel 2.1) ist bei „ALI" auf überwältigende Reaktion der Kunden gestoßen, weshalb unsere Freunde von „ALI" ein weite-

res Produkt anbieten möchten. Zur Wahl stehen der fleischgefüllte Lahmacun „Istanbul", die fleischlose Gözleme „Ankara" und eine Nachspeise, der Baklava „Antalya".
Allerdings sind Geflügelpest und Schweineseuche gerade überstanden und es könnte sein, dass die Nachspeise dem (vornehmlich weiblichen) Schlankheitsideal zum Opfer fällt. Es kann nur ein neues Gericht eingeführt werden; da es Layla in der Küche nicht mehr schafft, mehr Gerichte zuzubereiten. Je nachdem, welcher Umweltzustand eintritt, ergeben sich in Form der Ergebnismatrix folgende Monatsgewinne bei der entsprechenden Alternative:

	U_1 : Tierseuche	U_2 : Schlankheitswahn
A_1 :Lahmacun	9.000	10.000
A_2 :Gözleme	5.000	11.00
A_3 :Baklava	10.000	0

Offensichtlich kann keine Alternative gefunden werden, die in jedem Umweltzustand das beste Ergebnis liefert. Aus diesem Grund werden *Entscheidungsregeln* verwendet, die demjenigen, der sich entscheiden muss (Entscheidungssubjekt), helfen, eine rationale Entscheidung zu treffen.
Auf die Notation der Ergebnismatrix zurückgreifend, bezeichne E_{ij} nachfolgend das Ergebnis von Alternative i im Umweltzustand j.

6.2 Entscheidungskriterien

6.2.1 Maximax-Regel („Optimismus-Regel")

Bei der sogenannten „Maximax-Regel" wird von allen Alternativen diejenige gewählt, die im besten Umweltzustand das beste Ergebnis liefert.
Formal: $A^* = A_i : A_i \ni \max_i \left\{ \max_j E_{ij} \right\}$.
Für unser Beispiel ergibt sich

	U_1	U_2	Maximum
A_1	9.000	10.000	10.000
A_2	5.000	11.000	11.000
A_3	10.000	0	10.000

Das Maximum der Maxima ist 11.000, es würde also Alternative A_2 gewählt werden.
Der Nachteil der Maximax-Regel wird direkt ersichtlich: Es wird nur der für den Entscheider beste Zustand jeder Alternative betrachtet, die anderen Zustände nicht. So liefert die erste Alternative im Maximum nur 1000 weniger als die 3. Alternative, ist allerdings im Minimum

wesentlich besser. Diese Tatsache wird jedoch ignoriert. Der Entscheider ist also optimistisch, dass der beste Umweltzustand eintritt, daher auch die Bezeichnung „Optimismus-Regel". Wären die Werte Verluste, so würde aus der Maximax- die Minimin-Regel: Der Entscheider würde die Alternative wählen, die im besten Umweltzustand (bei minimalem Verlust) einen geringeren Verlust aufweist als alle anderen Alternativen.

6.2.2 Maximin-Regel („Pessimismus-Regel", „Wald-Regel")

Bei der sogenannten „Maximin-Regel" („Wald-Regel"[1]) wird von allen Alternativen diejenige gewählt, die im schlechtesten Umweltzustand das beste Ergebnis liefert.
Formal: $A^* = A_i : A_i \ni \max_i \left\{ \min_j E_{ij} \right\}$.
Für unser Beispiel ergibt sich:

	U_1	U_2	Minimum
A_1	9.000	10.000	9.000
A_2	5.000	11.000	5.000
A_3	10.000	0	0

Das Maximum der Minima ist 9.000, es wird also Alternative A_1 gewählt werden. Wieder ist der Nachteil, dass nur eine Realisation, in diesem Fall das Minimum, betrachtet wird. Erneut werden alle anderen Umweltzustände ignoriert. Der Entscheider ist derart pessimistisch, dass er nur den für sich jeweils schlechtesten Umweltzustand betrachtet.
Wären die Werte Verluste, so würde aus der Maximin- die Minimax-Regel: Der Entscheider würde die Alternative wählen, die im schlechtesten Zustand (bei maximalem Verlust) einen geringeren Verlust aufweist als alle anderen Alternativen.

6.2.3 Hurwicz - Regel („Optimismus-Pessimismus-Regel")

Die HurwicZ - Regel[2] stellt die Brücke zwischen Maximax- und Maximin-Regel dar, indem bei ihr sowohl das Maximum als auch das Minimum der Ergebnisse jeder Alternative betrachtet werden.
Formal: $A^* = A_i : A_i \ni \max_i \left\{ \alpha \cdot \max_j E_{ij} + (1-\alpha) \cdot \min_j E_{ij} \right\}, \alpha \in [0;1]$
Der Paramter α wird als „Optimismus-Parameter" bezeichnet. Es liegt daher nahe, zu vermuten, dass die HurwicZ - Regel eine Verallgemeinerung der Maximax- und der Maximin-Regel ist. Tatsächlich gilt, dass sich:

[1] Abraham Wald (31.10.1902 - 13.12.1950), deutscher Mathematiker (geboren in Klausenburg, heute Cluj-Napoca, Siebenbürgen, Rumänien).

[2] Leonid Hurwicz (*21.09.1917), jüdischer Ökonom. Der Sohn polnischer Eltern wurde in Russland geboren, studierte u. a. Wirtschaftswissenschaften an der London School of Economics und emigrierte 1940 in die USA. Er erhielt 2007 den Nobelpreis für Wirtschaftswissenschaften.

für
$\alpha = 0$ die Maximin- und für
$\alpha = 1$ die Maximax-Regel ergibt.
Je größer der Parameter α ist, desto optimistischer ist der Entscheider, je niedriger der Parameter ist, desto pessimistischer der Entscheider.
Es ergibt sich für unser Beispiel:

	U_1	U_2	Maximum	Minimum	$\alpha = 0,01$	$\alpha = 0,9$
A_1	9.000	10.000	10.000	9.000	9.010	9.900
A_2	5.000	11.000	11.000	5.000	5.060	10.400
A_3	10.000	0	10.000	0	100	9.000

Für $\alpha = 0,01$ wählt der Entscheider Alternative A_1.
Für $\alpha = 0,9$ fällt die Wahl klar auf Alternative A_2.
Der Vorteil der HurwicZ - Regel ist, dass sie dem Entscheider eine Vielzahl von Entscheidungsregeln bietet, da der Parameter α im Intervall $[0;1]$ beliebig gewählt werden kann. Allerdings bringt dies auch den Nachteil mit sich, dass der Entscheider vorab einen Wert von α bestimmen sollte und nicht erst, wenn er die Matrix länger untersucht hat, da sonst die Gefahr besteht, dass er die aus seiner Sicht auf den ersten Blick attraktive Alternative mithilfe eines beliebig gewählten α als optimale Alternative darstellt. Dieser Fall würde dem Sinn einer rationalen Entscheidungsunterstützung durch die Regel widersprechen. Der die Pessimismuseinstellung des Entscheiders reflektierende Wert von α kann allerdings ex ante bestimmt werden, indem in folgender Matrix der Wert von E so gewählt wird, dass aus Sicht des Entscheiders die Alternativen gleich gut sind:

	U_1	U_2	Maximum	Minimum
A_1	1	0	1	0
A_2	E	E	E	E

Dass E und α äquivalent sind, kann folgendermaßen gezeigt werden: Da die Matrix helfen soll, den Wert von E zu finden, so dass der Entscheider indifferent zu beiden Alternativen steht, gilt:
$\alpha \cdot 1 + (1-\alpha) \cdot 0 = \alpha \cdot E + (1-\alpha) \cdot E$
$\Leftrightarrow \alpha = E$
Wären die Werte Verluste, so würde die Alternative gewählt werden, die einen möglichst geringen Wert als Ergebnis von
$\alpha \cdot \max_j E_{ij} + (1-\alpha) \cdot \min_j E_{ij}$
liefert.

6.2.4 Laplace-Regel

Die Hurwicz - Regel hat gegenüber der Maximax- und Maximin-Regel den Vorteil, dass sie nicht nur einen, sondern zwei Werte in die Entscheidungsfindung miteinbezieht. Da es nicht feststeht, welche Wahrscheinlichkeit jeder Umweltzustand hat, spricht nichts dagegen, anzunehmen, dass alle Zustände die gleiche Eintrittswahrscheinlichkeit besitzen. In diesem Fall existiert kein Grund, warum nur einige Ergebnisse der Alternativen berücksichtigt werden sollten. Die Laplace-Regel[3] baut auf diese Überlegung auf und berücksichtigt alle Ergebnisse der Alternativen. Der Entscheider wählt diejenige Alternative aus, die im Durchschnitt die höchsten Auszahlungen bringt. Der Durchschnitt wird über alle Umweltzustände gebildet.
Mathematisch lässt sich dies folgendermaßen formulieren:

$$A^* = A_{i^*} : L_{i^*} = \max_i \left\{ L_i = \frac{\sum_{j=1}^{n} E_{ij}}{n} \right\}$$

Für das Beispiel ergibt sich:

	U_1	U_2	L_i
A_1	9.000	10.000	9.500
A_2	5.000	11.000	8.000
A_3	10.000	0	5.000

Als optimale Alternative ergibt sich nach dieser Regel die Alternative A_1.
Wären die Werte Verluste, so würde der geringste Wert von L_i als Optimalwert gewählt.

6.2.5 Savage-Niehans-Regel („Minimax-Regret-Regel")

Bei der Savage-Niehans-Regel[4] wird die Lösung nicht direkt aus den vorgegebenen Werten bestimmt, sondern erst eine sog „Regret-Matrix" aufgestellt. Sie gibt an, um wie viel die Ausprägung jeder Alternative in einem Umweltzustand schlechter ist als die Alternative, die in

[3] Pierre Simon Marquis de Laplace (28.03.1749 - 05.03.1827), französischer Mathematiker und Astronmechaniker. Der Schüler d'Alemberts vertrat die Meinung, dass Wahrscheinlichkeitsrechnung durchaus mathematisch begründbar sei. Nach ihm wurde u. a. das "Laplace-Experiment" benannt, bei dem alle Ergebnisse die gleiche Wahrscheinlichkeit besitzen. Hier wird auch der Bezug zur Laplace-Regel deutlich.

[4] Leonard Jimmie Savage (1917 - 1971), Mathematiker, publizierte u. a. zusammen mit Milton Friedman. Sein Beitrag "The theory of statistical decision" erschien im "Journal der American Statistical Society" und machte ihn 1951 berühmt. Bedeutend waren auch seine Arbeiten zur subjektiven Wahrscheinlichkeitstheorie (Theorie, welche die Glaubwürdigkeit des Eintretens eines Ereignisses beschreibt; so ist bspw. die subjektive Wahrscheinlichkeit, dass Politiker die Wahrheit sagen, bei großen Teilen der Bevölkerung sehr gering).
Jürg Niehans (*1919), in Bern geboren, bis 1966 Professor der Sozialökonomie an der Universität Zürich, im Anschluss daran bis 1977 an der John Hopkins University in Baltimore Professor für Politische Ökonomie. Von 1977 bis 1988 lehrte er theoretische Nationalökonomie an der Universität Bern. Er lebt heute in Palo Alto. Er publizierte zusammen mit renomierten Forschern, u. a. mit Carl C. von Weizsäcker und dem Nobelpreisträger der Wirtschaftswissenschaften von 1970, Paul A. Samuelson.

diesem Zustand die beste Wertausprägung liefert. Die Matrix gibt also an, um wie viel das Optimum verpasst wird, wie stark der Entscheider seine Fehlwahl bedauert (Bedauern = Regret). Nun wird die Maximin-Regel benutzt. Allerdings handelt es sich um Verluste, weshalb sie als Minimax-Regal Anwendung findet.
Bezeichne im Folgenden R_{i^*} die Zeile von A_{i^*} in der Regret-Matrix.
Formal: $A^* = A_{i^*} \ni R_{i^*} = \min_i \left\{ \max_j \left(\max_i E_{ij} - E_{ij} \right) \right\}$
Gegeben ist wieder die Matrix des Beispielfalls:

	U_1	U_2
A_1	9.000	10.000
A_2	5.000	11.000
A_3	10.000	0

Die folgende Regret-Matrix enthält die Regretwerte:

	U_1	U_2
Bester Wert	10.000	11.000
A_1	1.000	1.000
A_2	5.000	0
A_3	0	11.000

Nun wird das Maximum jeder Zeile gebildet:

Alternative	Maximum
A_1	1.000
A_2	5.000
A_3	11.000

Das Minimum der Maxima ist 1.000, somit fällt die Entscheidung auf Alternative A_1.
Wären die Ausgangswerte Verluste, so würde in der Regret-Matrix das Minimum jeder Zeile gebildet und anschließend das Maximum dieser Minima, da die Regret-Matrix in diesem Fall für den Entscheider „gute" Werte (entgangene Verluste) wiedergeben würde. Auf sie würde also das Maximin-Kriterium angewendet werden.

6.3 Übersicht über die Ergebnisse

Folgende Tabelle gibt die optimalen Alternativen wieder, die sich bei jeder Entscheidungsregel ergeben haben:

Auswahlregel	Optimale Alternative(n)
Maximax	A_2
Maximin	A_1
Hurwicz $\alpha = 0,01$	A_1
Hurwicz $\alpha = 0,9$	A_2
Laplace	A_1
Savage-Niehans	A_1

Es wird offensichtlich, dass es von der Entscheidungsregel abhängt, welche Alternative optimal ist. Die Regel zur Ermittlung der besten Alternative sollte daher vom Entscheider möglichst früh festgelegt und anschließend nicht revidiert werden, um einen stabilen und nachvollziehbaren Entscheidungsprozess zu gewährleisten.
Interessant ist auch zu sehen, dass die dritte Alternative, obwohl sie im Umweltzustand 1 die beste Ausprägung aufweist, nach keiner Regel eine optimale Alternative darstellt.

Kapitel 7

Entscheidungen unter Risiko

Weiterführende Literatur:

Laux, H.: „Entscheidungstheorie"(2007), Abschnitt D.

Lernziele: Am Ende dieses Kapitels sollen Sie...

...verstanden haben, was Entscheidungen unter Risiko charakterisiert.

...Entscheidungsregeln zur Bestimmung optimaler Alternativen unter Risiko kennen und anwenden können.

...die *Vor- und Nachteile dieser Entscheidungsregeln kennen und verstanden haben.*

Im Fall von Risiko existieren wiederum - analog dem Fall von Unsicherheit - mehrere mögliche Umweltzustände, von denen einer tatsächlich eintritt. Zudem gibt es ebenfalls nur ein Ziel und eine endliche Zahl von Alternativen. Die Eintrittswahrscheinlichkeiten der Umweltzustände sind im Fall von Risiko allerdings bekannt.

7.1 Fallbeispiel

„ALI" hat genauere Zahlen gewonnen und weiß nun, mit welcher Wahrscheinlichkeit welcher Umweltzustand eintritt. Es ergibt sich folgende Übersicht:

	U_1 : Tierseuche	U_2 : Schlankheitswahn
Wahrscheinlichkeit	0,4	0,6
A_1 :Lahmacun	9.000	10.000
A_2 :Gözleme	5.000	11.000
A_3 :Baklava	10.000	0

7.2 Entscheidungsregeln

7.2.1 Maximum-Likelihood-Kriterium

Beim Maximum-Likelihood[1]-Kriterium wird ausschließlich der Umweltzustand betrachtet, der die höchste Eintrittswahrscheinlichkeit aufweist. Anschließend wird bei Auszahlungen die Alternative gewählt, die den höchsten Wert in dieser Spalte aufweist. Bei Verlusten wird die Alternative gewählt, die den geringsten Wert in dieser Spalte beinhaltet.

Formal: $A^* = A_{i^*} : E_{i^*j^*} = \max\limits_i \left\{ E_{ij^*}, p_{j^*} = \max\limits_j \{p_j\} \right\}$

Im vorliegenden Beispiel besitzt U_2 die höchste Eintrittswahrscheinlichkeit. A_2 weist in diesem Zustand die größte Auszahlung auf und wird daher gewählt.

Geben die Werte in der Matrix Verluste an, so wird in der Spalte mit der höchsten Wahrscheinlichkeit die Alternative gewählt, die den geringsten Wert aufweist.

7.2.2 Erwartungswert-Kriterium

Beim Erwartungswert-Kriterium (μ-Kriterium) wird die Alternative gewählt, die den höchsten Erwartungswert, im Mittel also die größte Auszahlung ergibt. Geben die Werte Verluste an, so wird die Alternative gewählt, die im Mittel den geringsten Wert aufweist.

Formal: $A^* = A_{i^*} : \mu^* = \max\limits_i \left\{ \mu_i = \sum\limits_{j=1}^{n} p_j \cdot E_{ij} \right\}$

Für das vorliegende Beispiel ergibt sich:

	U_1	U_2	μ
Wahrscheinlichkeit	$0,4$	$0,6$	
A_1	9.000	10.000	$9.000 \cdot 0,4 + 10.000 \cdot 0,6 = 9.600$
A_2	5.000	11.000	$5.000 \cdot 0,4 + 11.000 \cdot 0,6 = 8.600$
A_3	10.000	0	$10.000 \cdot 0,4 + 0 \cdot 0,6 = 4.000$

Gewählt wird somit Alternative A_1.

7.2.3 Erwartungswert-Standardabweichungs-Kriterium

Beim Erwartungswert-Standardabweichungs-Kriterium ((μ, σ)-Kriterium) wird die Alternative gewählt, deren Standardabweichung am geringsten ist. Da die Standardabweichung ein Maß für die Streuung (das Risiko) ist, wird beim (μ, σ)-Kriterium die Alternative gewählt, deren Ergebnis mit geringstem Risiko vorhergesagt werden kann. Diese Regel gilt unabhängig davon, ob es sich um Gewinne oder Verluste handelt.

[1] likelihood (engl.): Wahrscheinlichkeit

Formal: $A^* = A_{i^*} : \sigma^* = \min_i \left\{ \sigma_i = \sqrt{\sum_{j=1}^{n} p_j \cdot (E_{ij} - \mu_i)^2} \right\}$, wobei μ_i wieder den Erwartungswert der Auszahlungen von Alternative i bezeichnet.
Für das vorliegende Beispiel ergibt sich:

	U_1	U_2	μ	σ
Wahrscheinlichkeit	0,4	0,6		
A_1	9.000	10.000	9.600	$\sqrt{0,4 \cdot (9.000 - 9.600)^2 + 0,6 \cdot (10.000 - 9.600)^2} \approx 489,9$
A_2	5.000	11.000	8.600	$\sqrt{0,4 \cdot (5.000 - 8.600)^2 + 0,6 \cdot (11.000 - 8.600)^2} \approx 2939,39$
A_3	10.000	0	4.000	$\sqrt{0,4 \cdot (10.000 - 4.000)^2 + 0,6 \cdot (0 - 4.000)^2} \approx 4898.98$

Als optimale Alternative ergibt sich Alternative A_1.

7.2.4 Erwarteter Opportunitätsverlust

Bei der Methode des erwarteten Opportunitätsverlustes wird, wie bei der Savage-Niehans-Regel, eine Verlust-Matrix aufgestellt, die den entgangenen Gewinn im Vergleich zur Alternative mit der höchsten Auszahlung im entsprechenden Umweltzustand wiedergibt. Allerdings wird hierbei der Erwartungswert der Opportunitätsverluste bestimmt.

Formal: $A^* = A_{i^*} : S_{i^*} = \min_i \left\{ S_i = \sum_{j=1}^{n} p_j \cdot \left(E_{ij} - \max_i \{E_{ij}\} \right) \right\}$

Die Opportunitätsverluste (analog der Regretwerte) werden in folgender Tabelle wiedergegeben:

	U_1	U_2	Erwartungswert
Wahrscheinlichkeit	0,4	0,6	
Maximalwert	10.000	11.000	
A_1	1.000	1.000	1.000
A_2	5.000	0	2.000
A_3	0	11.000	6.600

Als optimale Alternative ergibt sich erneut Alternative A_1.

7.3 Übersicht über die Ergebnisse

Folgende Tabelle gibt die optimalen Alternativen wieder, die sich bei jeder Entscheidungsregel ergeben haben:

Auswahlregel	Optimale Alternative
Maximum-Likelihood	A_2
μ-Kriterium	A_1
(μ, σ)-Kriterium	A_1
Opportunitätsverlust	A_1

Offensichtlich hängt die Wahl der optimalen Alternative nicht nur von den Ausprägungen in den verschiedenen Umweltzuständen, sondern auch von dem gewählten Entscheidungskriterium ab.

Kapitel 8

Spieltheorie

Weiterführende Literatur:

Zur **Einführung: Varian, H.: „Grundzüge der Mikroökonomik" (2001), Kapitel 28.**

Fortgeschrittene: Gibbons, R.: „„A Primer in Games Theory" (1992).

Mathematische Hintergründe: Schlee, W.: „Einführung in die Spieltheorie"(2004).

Lernziele: Am Ende dieses Kapitels sollen Sie...

...verstanden haben, was Spieltheorie ist und inwiefern ein spieltheoretisches Problem als ein Entscheidungsproblem aufgefasst werden kann.

...die Darstellungsformen für Spiele beherrschen.

...verstanden haben, wie die optimalen Strategien bei Anwendung der Maximim-Regel, bei dominierten Strategien und mithilfe des statischen und teilspielperfekten Nash-Gleichgewichts bestimmt werden kann.

...verstanden haben, was ein Nash-Gleichgewicht und ein teilspielperfektes Nash-Gleichgewicht ist.

...den Begriff des Teilspiels verstanden haben und erklären können.

Im Fall von Unsicherheit und Risiko wurde davon ausgegangen, dass, wenn eine bestimmte Alternative gewählt wurde, das Ergebnis nur noch vom Eintreten des Umweltzustands abhängt. Welcher Umweltzustand eintritt, war zufällig. Im Fall der Spieltheorie wird die Idee der Umwelt als einem „neutralen Gegner" aufgehoben und stattdessen der egoistische Gegenspieler eingeführt, der versucht, seinen eigenen Nutzen zu maximieren.

Im ersten Teil werden einige grundlegende Begriffe eingeführt, im 2. Teil werden Spiele und deren Lösungen mithilfe der Maximin-Regel und des Konzepts dominierter Strategien dargestellt. Daran schließt sich eine Beschreibung des Konzepts des Nash-Gleichgewichtes an.

8.1 Einführung

8.1.1 Beispielfall

„ALI" hat expandiert und ein Restaurant in Paris eröffnet. Allerdings war dort die Idee eines Luxus-Döner-Restaurants nicht neu und „ALI" trifft auf Konkurrenz in Form des Restaurants „SIDE". Wie soll man sich verhalten? Sollen höhere Preise gesetzt werden, um den Eindruck von Exklusivität zu verstärken oder soll besser mit Niedrigpreisen ein größeres Marktsegment erschlossen werden?

8.1.2 Grundlagen

Warum schließen sich Unternehmen zusammen? Warum nörgeln Kinder und warum darf man ihnen nicht nachgeben?
Diese beiden Fragen scheinen völlig verschiedene Antworten zu besitzen, allerdings gibt es einen Wissenschaftsbereich, der für beide Phänomene eine Erklärung bietet, die Spieltheorie. Diese soll nun näher vorgestellt werden.

„Bitte, bitte..."

Wer kennt es nicht, das kleine Kind im Supermarkt, das noch gern an der Kasse eine Tüte Bonbons oder einen Lolli haben möchte? Betrachten wir hierzu beispielhaft eine Mutter und ihr Kind:
Die Entscheidungen werden *sequenziell* (hintereinander) getroffen, das Spiel besitzt drei *Spielstufen* (aufeinanderfolgende Entscheidungen). Es gibt für Mutter (M) und Kind (K) in diesem Fall folgende mögliche Strategien:
Zustand: Das Kind möchte einen Lolli. Da Kinder annahmegemäß immer gern Süßigkeiten essen, ist dies für das Kind keine Entscheidung, es will den Lolli auf jeden Fall.

1. Spielstufe: M

    - M kann nachgeben (n) und K den Wunsch erfüllen ⇒ Nutzen für das Kind: 15, Disnutzen für die Mutter (Preis): -2. Beim nächsten Mal wird K zudem erwarten, dass es wieder seinen Willen bekommt.
    - M kann den Wunsch verweigern (v).

2. Spielstufe: Kind (bei v)

    - Entscheidung akzeptieren (a)⇒ kein Nutzen durch Süßigkeiten
    - Betteln und quengeln (b)⇒ Disnutzen für das Kind (Anstrengung): -5, Disnutzen für die Mutter (Nerven): -10

3. Spielstufe: Mutter (bei b)

   Wenn das Kind quengelt:

   - nachgeben⇒ Nutzen für das Kind: 15, Disnutzen für Mutter (Preis): -2, aber Disnutzen wegen Bettelns und Quengelns für Kind und Mutter.
   - Wunsch verweigern⇒ Nutzen für Kind: 0, Disnutzen für Mutter: 0, aber Disnutzen wegen Bettelns und Quengelns für Kind und Mutter.

     Wenn auf dieser Stufe nachgegeben wird, wird das Kind in Zukunft immer quengeln, da es gelernt hat, dass Quengeln ein funktionierendes Instrument zur Zielerreichung darstellt.

   Was soll die Mutter tun, wenn sie sich dieser Problematik bewusst ist? Wie soll das Kind sich verhalten, falls die Mutter den Wunsch verweigert? Diesen und ähnlichen Fragen werden wir uns in diesem Kapitel widmen. Zudem stellt sich noch die Frage, was das Entscheidungsproblem von Mutter und Kind mit dem Verhalten von Monopolisten zu tun hat.

Arten von Spielen

Spiele können auf zwei Arten unterschieden werden.

1. **Unterscheidung nach Abfolge**

   Bezüglich der zeitlichen Abfolge kann zwischen folgenden Arten von Spielen unterschieden werden:

   (a) Statische Spiele

   Bei dieser Spielart treffen die Spieler ihre Entscheidungen gleichzeitig. Ein Beispiel hierfür ist das Spiel „Stein, Schere Papier". Ein ökonomisches Beispiel ist die Entscheidung von Pharmaunternehmen, ob sie bei Auftreten einer neuen Seuche anfangen, Impfstoff gegen diese zu entwickeln. Gleichzeitigkeit kann auch derart vorliegen, dass der eine Spieler seine Strategie zwar nach dem anderen Spieler wählt, jedoch von den Entscheidungen des ersten Spielers nichts weiß.

   (b) Dynamische Spiele

   Bei dieser Spielart werden die Entscheidungen nacheinander (sequenziell) getroffen. Ein Beispiel hierfür ist das Pokerspiel. Ein ökonomisches Beispiel ist die Reaktion eines Unternehmens B, wenn ein Konkurrenzunternehmen A die Preise seines Produktes erhöht hat und B reagieren muss. Das Einführungsbeispiel (Mutter;Kind) ist ebenfalls dieser Art von Spielen zuzurechnen.

2. **Unterscheidung nach Vertragsbindung**

   In dieser Hinsicht kann unterschieden werden zwischen:

(a) Kooperative Spiele

Es besteht die Möglichkeit, bindende Verträge zu schließen. Dies ist beispielsweise bei Handelsabkommen zwischen Staaten der Fall. Der bekannteste Fall hierfür ist die Gründung der EU (Spielstrategien: Mitglied werden oder nicht), aber auch alle anderen vertraglichen Vereinbarungen gehören zu diesem Typ von Spielen.

(b) Nicht-kooperative Spiele

Bindende Verträge, deren Einhaltung gerichtlich erzwungen werden kann, können nicht geschlossen werden. Dies ist bspw. der Fall, weil das Gesetz solche Verträge verbietet. Mineralölkonzerne vereinbaren ihre Preise nicht vertraglich, da bei Vertragsbruch die Vertragsbrecher nicht verklagt werden können (Kartellrecht).

Darstellungsformen für Spiele

1. Extensive Form

Dies ist die bevorzugte Form zur Darstellung dynamischer (sequenzieller) Spiele.

Das Einführungsbeispiel in extensiver Form hat das folgende Aussehen[1]:

[1] Gehen Sie es einmal genau durch, um die Zahlen nachzuvollziehen!

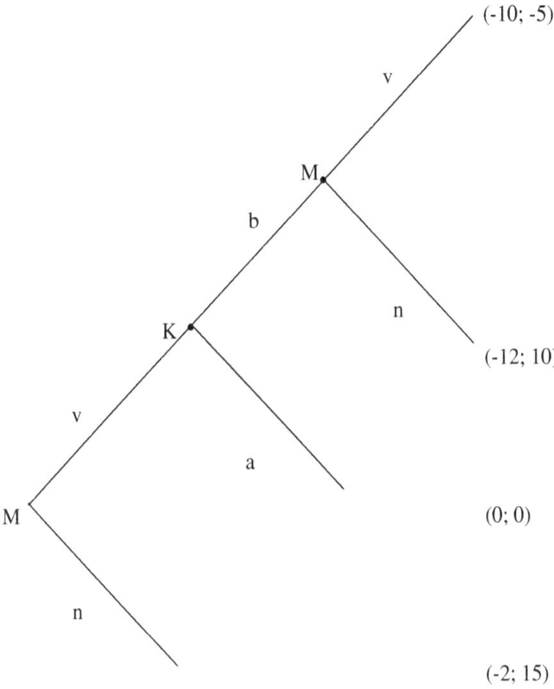

Abbildung~8.1: Spielbaum des Einführungsbeispiels

2. Normalform

   Dies ist die bevorzugte Form zur Darstellung statischer Spiele. Bei dieser Art von Spielen werden die Entscheidungen simultan getroffen. Das klassische Beispiel hierfür auf „ALI" angepasst: zwei Dönerverkäufer, einer von „ALI" und einer von „SIDE", sollen als Zweigstelle am Seineufer den Markt bedienen. Beide haben die Möglichkeit, sich auf der linken Seite (L) oder in der Mitte (M) zu positionieren. Es ergeben sich folgende Auszahlungen:

		Verkäufer 2	
		L	M
Verkäufer 1	L	(10; 10)	(11; 19)
	M	(19; 11)	(17; 17)

   Der erste Wert gibt den Gewinn des 1. Verkäufers (Zeile), der 2. Wert den Gewinn des 2. Verkäufers (Spalte)an.

8.2 Spiele als Entscheidungsprobleme

Wie interpretiert man ein solches Tableau? Wie liest man es ab? Betrachten wir wiederum unsere beiden Verkäufer. Der erste Verkäufer könnte die Entscheidung des 2. Verkäufers als Umweltzustand auffassen (da er sie nicht direkt beeinflussen kann). In diesem Fall sähe seine Entscheidungsmatrix folgendermaßen aus:

		„Umweltzustand" (Verkäufer 2)	
		L	M
Verkäufer 1	L	10	11
	M	19	17

Der 2. Verkäufer kann gleiches tun. Es ergibt sich folgendes Aussehen:

		Verkäufer 2	
		L	M
"Umweltzustand"	L	10	19
(Verkäufer 1)	M	11	17

Der Unterschied zu Entscheidungen unter Unsicherheit und Risiko ist, dass das Eintreten des „Umweltzustands" auch von der eigenen Handlung abhängt, da der Gegenspieler sich strategisch verhält.

8.3 Die optimale Strategiekombination

8.3.1 Strikt dominierte Strategien

1. Der Grundfall

   Strategie A ist genau dann strikt dominiert, wenn es (mindestens) eine Strategie gibt, die in jeder Situation zu einem besseren Ergebnis führt als A.

2. Betrachten wir erneut das Beispiel der beiden Verkäufer:

		Verkäufer 2	
		L	M
Verkäufer 1	L	(10; 10)	(11; 19)
	M	(19; 11)	(17; 17)

Offensichtlich liefert Strategie „M" für beide Spieler jeweils (immer) bessere Ergebnisse als Strategie „L". Somit ist (M;M) optimal.

3. Iterative/sukzessive Elimination

Strikt dominierte Strategien können auch schrittweise ausgeschlossen werden.

Betrachten wir das Beispiel, derart modifiziert, dass auch eine Positionierung auf der rechten Seite des Seineufers möglich ist:

		Verkäufer 2		
		L	M	R
	L	(5; 10)	(7; 25)	(12; 10)
Verkäufer 1	M	(10; 11)	(10; 0)	(14; 12)
	R	(9; 1)	(9; 3)	(11; 15)

„A$\succ$ B" bezeichnet im Folgenden einen höheren Nutzen von A gegenüber B bzw., dass Alternative A die Alternative B dominiert. Es gilt für Verkäufer 1:

$M \succ R, M \succ L.$

Es bleibt somit nur Zeile M übrig:

		Verkäufer 2		
		L	M	R
Verkäufer 1	M	(10; 11)	(10; 0)	(14; 12)

In dieser Situation ist für Verkäufer 2 die Strategie „R" immer die beste, dominiert also die anderen Strategien, hierbei gilt für Spieler 2 also $R \succ M, R \succ L$.

Es ergibt sich:

4.

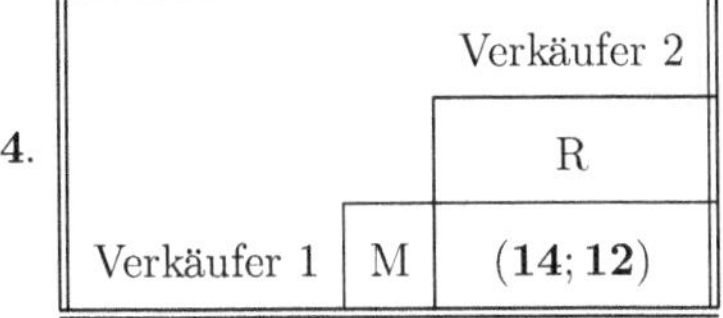

		Verkäufer 2
		R
Verkäufer 1	M	**(14; 12)**

(M;R) ist folglich die Strategiekombination, von der kein Spieler unilateral abweicht, also das Nash-Gleichgewicht.

Das Besondere ist hier, dass für Verkäufer 2 nicht allgemein gilt, dass $R \succ M, R \succ L$. Verkäufer 1 sschließt in einerm ersten Schritt die Strategien L und R aus. Da Verkäufer 2 darüber informiert ist (vollständige Information), muss er sich nur noch überlegen, was er wählt, wenn Verkäufer 1 M wählt.

8.3.2 Maximin-Regel

Nicht immer liegen ausschließlich strikt dominierte und dominierende Strategien vor. Die optimale Handlungsstrategie der Spieler kann in diesem Fall auf einfache Weise mithilfe der Maximin-Regel gefunden werden. In diesem Fall versuchen die Spieler, ihren minimal möglichen Gewinn zu maximieren bzw. den maximal möglichen Verlust zu minimieren.
Es ergibt sich für das Beispiel[2]:

		Verkäufer 2		
		L	M	Minimum
Verkäufer 1	L	(10; 10)	(11; 19)	10
	M	(19; 11)	(17; 17)	**17**
	Minimum	10	**17**	

(M;M) ist somit die optimale Strategie.

8.3.3 Nash-Gleichgewicht

Nun stellt sich die Frage, welche die Strategiekombination der beiden Verkäufer ist, auf die sie sich im Zeitverlauf einspielen würden. Ein langfristiges stabiles Gleichgewicht wird gesucht: Keiner darf eine Möglichkeit haben, sich selbst besser zu stellen, indem er, bei weiterhin gleicher Strategie des Gegenspielers, eine andere Strategiekombination wählt.[3]

Definition 2 *In einem Spiel ist jede Strategiekombination ein Nash-Gleichgewicht, bei der es für keinen Spieler sinnvoll ist, einseitig (unilateral) abzuweichen.*
Mathematisch formuliert lautet die Definition wie folgt:
Ein Nash -Gleichgewicht in einem Spiel mit n Spielern ist eine Strategie-Kombination $\overrightarrow{s^*} = (s_1^*, s_2^*, ..., s_n^*)$*, bei der jeder Spieler* $i = 1, ..., n$ *die Strategie* s_i^* *spielt, die für ihn bei gleichbleibenden Strategien aller anderen Spieler (ceteris paribus) die beste ist. Für keinen Spieler ist es sinnvoll, von seiner Strategie abzuweichen.*

[2] Das Minimum am Ende der Zeile bezieht sich auf die Werte des ersten Spielers (da seine Strategie in den Zeilen steht und die Strategie von Spieler 2 als Umweltzustände aufgefasst werden können). Das Minimum am Ende der Spalte (unten) bezieht sich folglich auf den 2. Spieler.

[3] Diese Bedingung ist schwächer als das Pareto-Optimum, weil letzteres zusätzlich fordert, dass auch niemand schlechter gestellt werden darf, was im vorliegenden Fall nicht betrachtet wird. Das Pareto-Optimum ist ein Gruppen-Optimum, das gesuchte Optimum nur ein Optimum aus der Sichtweise jedes einzelnen Spielers.

Statische Spiele

Betrachten wir wiederum unsere beiden Verkäufer:
Im statischen Fall, bei simultaner Entscheidung, ergäbe sich das in der folgenden Darstellung markierte Gleichgewicht:

		Verkäufer 2	
		L	M
Verkäufer 1	L	(10; 10)	(11; 19)
	M	(19; 11)	**(17; 17)**

Begründung:
Würde Verkäufer 1 ausgehend von (M;M) nach links abweichen, würde sich sein Gewinn auf 11 reduzieren. Bei Verkäufer 2 würde sich im Fall von Abweichen das gleiche ergeben.
Beide Dönerverkäufer werden sich also in der Mitte positionieren.
Dass auch in diesem Fall die optimale Lösung bei Kombination (M;M) liegt, ist kein Zufall, denn es gilt der folgende Satz:

Theorem 3 *Jedes Gleichgewicht in dominierten Strategien ist ein Gleichgewicht nach der Maximin-Regel und zudem ein Nash-Gleichgewicht. Diese Beziehungen gelten jedoch nicht umgekehrt.*
Dieser Satz ist intuitiv leicht nachvollziehbar. Habe jeder Spieler k Alternativen zur Auswahl, so ergibt sich folgende Spielsituation (Großbuchstaben bezeichnen hier Strategien, Kleinbuchstaben hingegen Ergebnisse):

		Spieler 2			
		B_1	B_2	$\cdots$	B_k
	A_1	(a_{11}, b_{11})	(a_{12}, b_{12})	$\cdots$	(a_{1k}, b_{1k})
Spieler 1	A_2	(a_{21}, b_{21})	(a_{22}, b_{22})	$\cdots$	(a_{2k}, b_{2k})
	$\vdots$	$\vdots$	$\vdots$	$\cdots$	$\vdots$
	A_k	(a_{k1}, b_{k1})		$\cdots$	(a_{kk}, b_{kk})

Werden Alternativen dominiert, so sind auch ihre Minima kleiner und sie kommen auch als Nash-Gleichgewicht nicht in Betracht. Sehen wir uns zur Illustration nochmals unser Beispiel an:

V 2					
		L	M	R	Minimum
	L	(5; 10)	(7; 25)	(12; 11)	5
V 1	M	(10; 11)	(10; 0)	(**14**; **12**)	10
	R	(9; 1)	(9; 3)	(11; 15)	9
	Minimum	1	0	11	

Die Zeilen L und R können aufgrund der Dominanz von M eliminiert werden. Die einzig verbliebene Zeile ist „M". In dieser Zeile betrachten wir nun die Spaltenwerte und wählen die größte Zahl aus, also den Wert, der größer gleichals[4] allen anderen Werten ist. Da die anderen Strategien bereits eliminiert wurden, somit für den anderen Spieler nicht in Frage kommen, wählt der als Zweiter ziehende Spieler die Alternative, die gegeben der verbliebenen Strategie von Spieler 1 für ihn optimal ist. Da Spieler 1 und Spieler 2 nicht abweichen, liegt ein Nash – Gleichgewicht vor. In unserem Beispiel betrachtet Verkäufer 2 nur noch die Werte, bei denen Verkäufer 1 „M" gewählt hat. $\left(a_{kj}^{*}, b_{kj}^{*}\right) = (a_{23}, b_{23}) = (14; 12)$

Dynamische Spiele

Bei dynamischen Spielen wird von einem sogenannten „teilspielperfekten Gleichgewicht" gesprochen. Es handelt sich hierbei um Nash-Gleichgewichte auf jeder Spielstufe. Diese abstrakte Formulierung soll in folgendem Beispiel illustriert werden: Wir betrachten hierzu wieder die beiden Dönerverkäufer aus dem Einführungsbeispiel:

		Verkäufer 2	
		L	M
Verkäufer 1	L	(10; 10)	(11; 19)
	M	(19; 11)	(17; 17)

Angenommen, sie müssten sich nun sequenziell entscheiden, wobei zuerst der erste Verkäufer und anschließend der zweite Verkäufer seinen Standort wählt. Es ergibt sich für diesen Fall der folgende Spielbaum:

[4] Es können auch mehrere "größte Werte" existieren, bspw. mehrere Ergebnisse mit dem Wert 10.

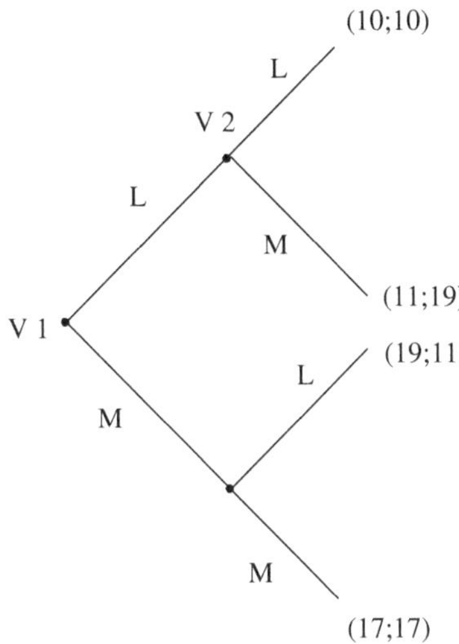

Abbildung~8.2: Spielbaum: sequenzielles Spiel, Verkäufer 1 zieht zuerst

Wenn Verkäufer 1 „Links" wählt, so wählt Verkäufer 2 „Mitte", da er dann 11>10 realisiert. V 1 bekommt bei (L;M) 11.

Wenn Verkäufer 1 „Mitte" wählt, so wird Verkäufer 2 ebenfalls „Mitte" wählen, da 17>11. Verkäufer 1 erhält bei (M;M) ebenfalls 17.

Verkäufer 1 hat also die Wahl zwischen 17 und 11, wählt daher 17. (M;M) ist die optimale Kombination.

Betrachten wir nun den Fall, dass Spieler 2 zuerst zieht. Hierbei stehen nun die Werte in der Reihenfolge ($V2$; $V1$):

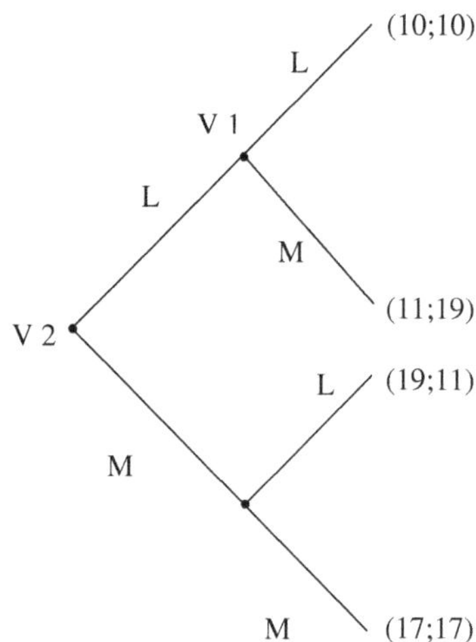

Abbildung~8.3: Spielbaum: sequenzielles Spiel, Verkäufer 2 zieht zuerst

Wenn Verkäufer 2 „Links" wählt, erhält er 11, da Verkäufer 1 als Reaktion „M" wählt, um 19>10 (10 bei „L") zu erhalten.

Wenn Verkäufer 2 „Mitte" wählt, erhält er 17, da Verkäufer 1 ebenfalls „M" wählt, um 17>11 (bei „L") zu erhalten.

Verkäufer 2 wählt also „Mitte", Verkäufer 1 ebenfalls.

Das Ergebnis ist also das gleiche wie bei umgekehrter Reihenfolge der Verkäufer.

Was haben wir (implizit) getan?

Das Spiel wurde „rückwärts" gelöst. Zuerst wird geschaut, was der, der als Zweiter zieht, nehmen würde, gegeben verschiedener Strategien des Ersten in der ersten Stufe. Im Anschluss daran wurde die Strategie für den Ersten bestimmt, die sein Ergebnis gegeben der Strategie des Zweiten maximiert. Der Name „teilspielperfektes Gleichgewicht" kommt daher, dass nur sogenannte „Teilspiele" betrachtet werden. Teilspiele sind gewisse Teile eines Spielbaums, was in folgender Grafik deutlich wird:

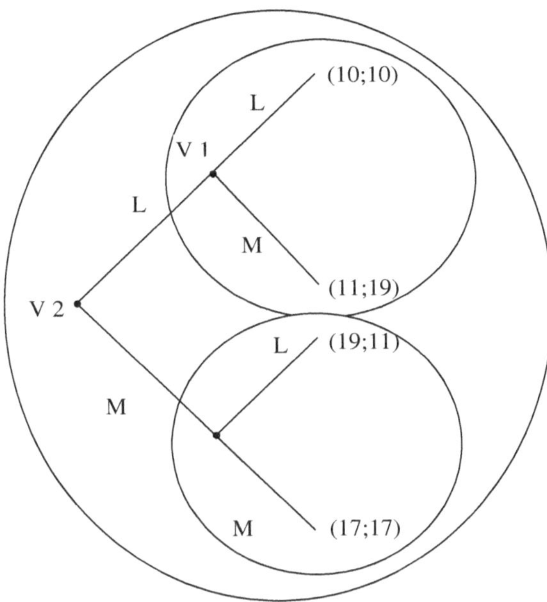

Abbildung~8.4: Veranschaulichung des Teilspiel-Begriffs

Definiert werden kann dies folgendermaßen:

Definition 4 *Ein Teilspiel eines Spiels G in der Extensivform beginnt im Entscheidungsknoten K und enthält alle Knoten, die diesem Knoten nachfolgen. Es werden durch das Teilspiel keine nachfolgenden Informationsmengen durchtrennt.*

Das teilspielperfekte Gleichgewicht kann als Erweiterung bzw. Modifikation des Nash-Gleichgewichtes angesehen werden, derart, dass das Nash-Gleichgewicht auf jeder Stufe gesucht wird. (Lohnt es sich ceteris paribus für den Spieler der entsprechenden Stufe abzuweichen?)

Anwendungsbeispiel aus der Wirtschaft

Ein klassisches Beispiel für das teilspielperfekte Gleichgewicht ist das der Marktzutrittsabschreckung:
Ein Monopolist produziert für einen Markt, wobei die einzige Gefahr für ihn darin besteht, dass ein neuer Anbieter in den Markt eindringen könnte. Er kündigt an, dass, wenn ein Konkurrent auftauchen sollte, er einen Preiskampf begänne mit dem Ziel, denk Konkurrenten in den Ruin zu treiben.
Zahlenbeispiel: Der Eintritt in den Markt kostet 100 Mio. EUR. Im Fall eines Preiskampfes erzielt jedes Unternehmen einen Gesamt-Deckungsbeitrag von 0 EUR. Bei Monopolpreisen wird

auf dem Markt ein Gesamt-Deckungsbeitrag in Höhe von 400 Mio. EUR erzielt, der sich in gleichen Teilen auf alle Anbieter verteilt. Bei Nicht-Eintritt erzielt der Monopolist also einen Gesamt-Deckungsbeitrag von 400 Mio. EUR, bei Eintritt und Monopolpreisen erzielt der Monopolist 200 Mio. EUR; 200 Mio. EUR - 100 Mio. EUR (Eintrittskosten) = 100 Mio. EUR. Diese 100 Mio. EUR erhält der Eintreter. Bei Eintritt und Preiskampf erhält der Monopolist 0 EUR, der Eintreter 0 EUR - 100 Mio. EUR (Eintrittskosten) = -100 Mio. EUR. Bei Nicht-Eintritt und Kampfpreisen erzielen der Monopolist und der Eintreter jeweils 0 EUR. Es ergibt sich somit folgende Spielsituation (in extensiver Form, Tupel in der Form (Zutreter; Monopolist)):

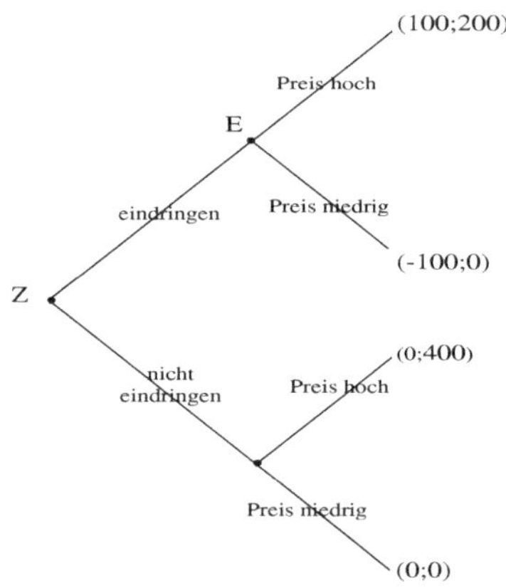

Abbildung~8.5: Extensive Form des Spiels zwischen Zutreter und etabliertem Anbieter

Ist diese Ankündigung glaubwürdig?

Nein. Denn, wenn er den Preiskampf beginnt, sinkt auch sein Gewinn auf 0.

Begründung (Angaben in 100 Mio. EUR):

Bei Eintritt hat der Monopolist die Wahl zwischen 200 und 0, es wird also der hohe Preis gesetzt. Der potenzielle Eintreter erzielt bei Nicht-Eintritt 0 Gewinne und bei Eintritt Gewinne i. H. v. 100. Er wird also in den Markt eintreten.

Die Drohung war also unglaubwürdig. Als teispielperfektes Nash-Gleichgewicht ergibt sich die Strategie für (Konkurrent, Monopolist) die Kombination (Eindringen; Preis hoch). Man könnte sich nun die Frage stellen, warum der Monopolist nicht einfach den Preis so lange niedrig hält, bis der Eindringling bankrott ist. Dies ist aus dem Grund nicht sinnvoll, dass es auch für den Monopolisten nicht *dauerhaft* (bei ständigen Eintrittsversuchen) sinnvoll ist und bei einem Nash-Gleichgewicht eben ein Gleichgewicht vorliegt, von dem ein Abweichen nicht optimal ist.

Spieltheorie kann also helfen, nicht glaubwürdige Drohungen zu identifizieren! Dies ist für die Praxis sehr interessant.

Betrachten wir noch einmal das Beispiel vom Anfang:

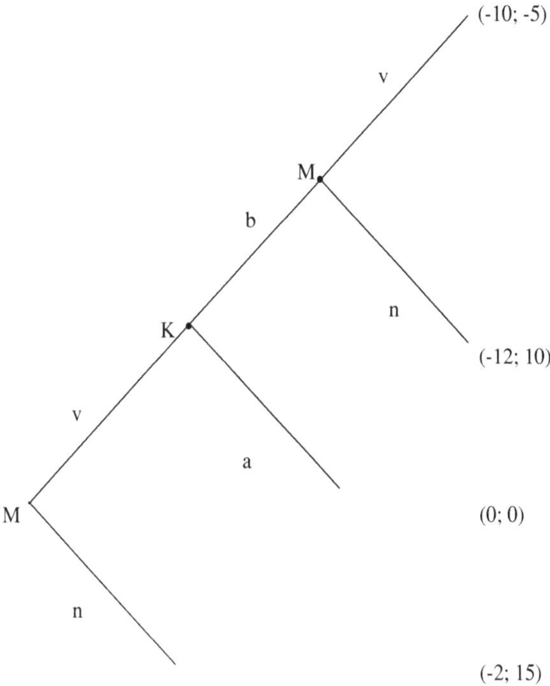

Abbildung~8.6: Spielbaum des Einführungsbeispiels

- Wenn die Mutter nachgibt, so hat sie einen Nutzen von -2.
- Wenn sie den Wunsch verweigert, hat das Kind die Wahl:
  - Wenn das Kind dies akzeptiert, erhalten es und die Mutter einen Nutzen von 0.
  - Wenn es bettelt und quengelt, hat die Mutter wieder die Wahl:
    * Verweigert sie den Wunsch, so bekommt das Kind -5 und die Mutter -10.
    * Gibt sie nach, so bekommt das Kind +10 und die Mutter -12.
      Sie wird also den Wunsch verweigern, denn sie hat die Wahl zwischen $-10 > -12$..

  Das Kind hat also in der 2. Stufe die Wahl zwischen einem Nutzen von 0 (akzeptieren) und einem von -5 (betteln, wobei von der Mutter verweigert wird), es wird also akzeptieren.

Wenn die Mutter in der ersten Stufe zwischen nachgeben und verweigern entscheidet , muss sie nur noch $(-2; 15)$ und $(0; 0)$ betrachten. Sie wird dann den Wunsch verweigern und das Kind wird dies akzeptieren.
Warum tun Mutter und Kind dies in der Realität nicht immer?

Die Mutter weiß nicht mit Sicherheit, wie das Kind reagieren wird. Außerdem sind auch die Nutzenwerte nicht fest vorgegeben. Zudem ist natürlich jedes Kind anders...

8.4 Oligopol-Spiele

Der Oligopolwettbewerb kann auch spieltheoretisch untersucht werden, was in diesem Kapitel geschieht. Dieser Teilbereich wird in der Literatur zwar „Oligopoltheorie" genannt, allerdings werden nur Angebotsoligopole untersucht.

Definition 5 *Ein Angebotsoligopol ist eine Marktform, bei der wenige (mittelgroße) Anbieter vielen kleinen Nachfragern gegenüberstehen.*[5]

8.4.1 Cournot-Wettbewerb

Beim Cournot-Wettbewerb[6] bieten Unternehmen ein homogenes Gut (bspw. Wasser) bei identischen Grenzkosten in Höhe von c an. Es herrscht Mengenwettbewerb, das heißt die Unternehmen benutzen die Angebotsmenge als strategische Variable, nicht den Angebotspreis. Dieser Mechanismus kann darin begründet sein, dass Kapazitätsbeschränkungen bestehen und daher Unternehmen ihren Preis nicht beliebig setzen können, da sie ggf. nicht die ganze Nachfrage befriedigen können (bei einem niedrigen Preis kann die Nachfrage die Kapazität überschreiten). Es werden zwei Unternehmen betrachtet, wobei Unternehmen 1 die Menge x_1, Unternehmen 2 die Menge zwei anbietet.

Die Preis-Absatz-Funktion lautet in diesem Fall allgemein $P = B - a \cdot (x_1 + x_2)$. Bei konstanten Grenzkosten in Höhe von c ergibt sich für Unternehmen 1 die Gewinnfunktion:

$G_1 = (P - c) \cdot x_1 = [B - a \cdot (x_1 + x_2) - c] \cdot x_1$.

Deren Optimierung ergibt sich mit:

$\frac{dG_1}{dx_i} = B - 2ax_1 - ax_2 - c = 0$

$\Rightarrow x_1 = \frac{B-ax_2-c}{2a}$ (I) und analog für Unternehmen 2:

$x_2 = \frac{B-ax_1-c}{2a}$ (II)

x_1 ist die Beste-Antwort-Funktion von Unternehmen 1 und

x_2 die Beste-Antwort-Funktion von Unternehmen 2.

Das Gleichgewicht ergibt sich durch Einsetzen von x_2 in x_1.

$x_1 = \frac{B-a\frac{B-ax_1-c}{2a}-c}{2a} = \frac{B-\frac{B-ax_1-c}{2}-c}{2a} = \frac{\frac{2B-B+ax_1+c-2c}{2}}{2a}$

$\Rightarrow 2ax_1 = \frac{B+ax_1-c}{2} \Rightarrow x_1 = \frac{B-c}{3a}$

Wegen der Symmetrie der Nachfragefunktionen gilt auch $x_2 = \frac{B-c}{3a}$:

Der Gewinn ergibt sich durch Einsetzen:

$G_1 = G_2 = (P - c) \cdot x_1 = [B - a \cdot (x_1 + x_2) - c] \cdot x_1$

$= \left[B - 2a \cdot \left(\frac{B-c}{3a}\right) - c\right] \cdot \frac{B-c}{3a}$

$= \frac{B-c}{3} \cdot \frac{B-c}{3a} = \frac{(B-c)^2}{9a}$

[5] vgl. Wöhe (2002), S. 499.

[6] Der Cournot-Wettbewerb wurde von Antoine-Augustin Cournot (28.08.1801-31.03.1877) modelliert.

8.4.2 Bertrand-Paradox

Das Bertrand-Paradox [7] ist ein besonderes Ergebnis des Preiswettbewerbs, das Ergebnis von Preiswettbewerb bei homogenen Gütern. Der Preis wird als strategische Variable gesetzt. Das Motto dieses Modells ist: „Two are enough for competition" bzw. „It only takes two to tango".
Grundidee: Zwei Unternehmen bieten ein homogenes Gut (bspw. Wasser) an und besitzen identische Grenzkosten in Höhe von c. Es herrscht Preiswettbewerb.
Die Preis-Absatz-Funktion lautet für Unternehmen 1 (und analog für Unternehmen 2):

$$x_1 = \begin{cases} 100 - p_1 & p_1 < p_2 \leq 100 \\ \frac{100-p_1}{2} & 0 \leq p_1 = p_2 \leq 100 \; ^{8} \\ 0 & p_1 > \min\{p_2, 100\} \end{cases}$$

Der Anbieter mit dem höheren Preis erhält also keine, der mit dem niedrigeren Preis hingegen die volle Nachfrage. Bei gleichem Preis verteilt sich die Nachfrage gleichmäßig auf beide Anbieter.

Theorem 6 *(Bertrand-Paradox): Bei homogenen Gütern und Preiswettbewerb ergibt sich das Gleichgewicht als $p_i = p_j = c$, wobei c die Grenzkosten der Produktion jeder Einheit des homogenen Gutes bezeichnet. Beide Unternehmen erzielen Gewinne in Höhe von 0.*
Beweis: Sei im Ausgangsfall ein abgesprochener Preis P, wobei $p_1 > p_2 > c$. Der Gewinn von Unternehmen 1 ist in diesem Fall
$G_1 = (p_1 - c) \cdot x_1 = (p_1 - c) \cdot 0 = 0$ *und der von Unternehmen 2* $G_2 = (p_2 - c) \cdot (100 - p_2)$.
Unternehmen 1 ist mit dieser Situation nicht zufrieden, da es keine Gewinne erzielt. Somit entsteht ein Anreiz, abzuweichen. Unternehmen 1 setzt also seinen neuen Preis einen Cent unter den Preis von Unternehmen 2, um nun selbst den ganzen Markt zu bedienen, es gilt also $\widetilde{p}_1 = p_2 - 0,01$. *Unternehmen 1 bedient nun den ganzen Markt und Unternehmen 2 macht keine Gewinne. Nun ist dieses Unternehmen mit der Situation unzufrieden und setzt seinen Preis gleich dem von Unternehmen 1, also* $\widetilde{p}_2 = \widetilde{p}_1$. *Nun bedient jedes Unternehmen den halben Markt, die Gewinne sind* $G_1 = (p_1 - c) \cdot \frac{100-p_1}{2} = (p_2 - c) \cdot \frac{100-p_2}{2} = G_2$.
Nun bekommt jedes Unternehmen den halben Marktgewinn, könnte aber durch Senken seines Preises wieder den ganzen Gewinn bekommen. Daher senkt ein Unternehmen (oder beide Unternehmen gleichzeitig) wieder seinen Preis.
Dies läuft so lange weiter, bis $p_1 = p_2 = c$ *und daher* $G_1 = G_2 = 0$. *Q. e. d.*

Benzin ist ein homogenes Gut, warum tritt hier nicht der Fall ein, dass das Gut zu Grenzkosten verkauft wird?
Antwort: Zum Einen ist nicht gesagt, dass Preiswettbewerb herrscht, zudem sind wir von nicht-kooperativer Spieltheorie ausgegangen, bindende Verträge sind nicht möglich und Absprachen werden nicht getroffen. In *diesem* Fall wird das Bertrand-Paradox realisiert. Sind Annahmen des Modells verletzt, kann sich auch ein anderes Ergebnis auf dem Markt einstellen.

[7] modelliert von Joseph Bertrand (11.3.1822 - 5.4.1900)
[8] Ein Preis von mehr als 100 ist nicht sinnvoll, da die Menge einen negativen Wert annähme.

Kapitel 9

Netzplantechnik

Weiterführende Literatur:
Dürr, W./Kleinbohm, K.: „Operations Research - Lineare Modelle und ihre Anwendungen" (1983), Kapitel 6.
Schwarze, J.: „Projektmanagement mit Netzplantechnik" (2006).
Lernziele: Am Ende dieses Kapitels sollen Sie...
...die Elemente zur Erstellung eines Netzplans kennen.
...aus einer gegebenen Aufgabenstellung eine Vorgangsliste ableiten und diese in einen Netzplan überführen können.

9.1 Grundproblem

Häufig liegen nur vage Beschreibungen vor, welche Schritte nötig sind, um ein Projekt durchzuführen. Viele IT-Projekte werden später als geplant abgeschlossen, weil eben diese Beschreibung zu ungenau ist. Die Netzplantechnik hilft dabei, Arbeitsgänge, sogenannte „Vorgänge", zu planen und darzustellen. Die Aufstellung eines Netzplanes zwingt zum Überdenken des Projektes und zur Extraktion der relevanten Tätigkeiten. Es wird zwischen Vorgangspfeil- und Vorgangsknotennetzen unterschieden. In diesem Kapitel werden nur Vorgangspfeilnetze behandelt.

9.2 Wie baue ich einen Netzplan? Ein erstes Beispiel

Die Erstellung eines Netzplanes soll anhand eines Beispiels dargestellt werden:
Zum Kneten des Teigs für die Döner wird bei „ALI" ein Schüler eingestellt. Da er Angst hat, Fehler zu machen, benötigt er für einige Tätigkeiten sehr lange. Sein Arbeitsablauf soll in einem Netzplan dargestellt werden, um analysieren zu können, wo Zeit verloren geht. Zuerst ist die Knetmaschine aufzustellen (6 Minuten). Im Anschluss daran sind die nötigen Zutaten zu holen (5 Minuten). Ist dies erledigt, werden die Zutaten eingefüllt (7 Minuten). Als Nächstes wird der Teig von der Maschine geknetet (6 Minuten) und mit der Hand nachgeknetet (10 Minuten).

9.2.1 Vorgangslisten

In einer Vorgangsliste werden die Vorgänge, ihre Ausführungszeit und ihre Vorgänger aufgelistet[1].
Für das gegebene Beispiel ergibt sich die folgende Vorgangsliste:

Nr.	Vorgang	Ausführungsdauer [min]	Vorgänger
A	Knetmaschine aufstellen	6	———
B	Zutaten holen	5	A
C	Zutaten einfüllen	7	B
D	Kneten lassen	6	C
E	mit Hand nachkneten	10	D

9.2.2 Die Struktur des Netzplans

In diesem zweiten Schritt wird die Struktur des Netzplans, die Knoten und Kanten (Verbindungen von Knoten), eingezeichnet und beschriftet. Für das Beispiel ergibt sich die folgende Darstellung:

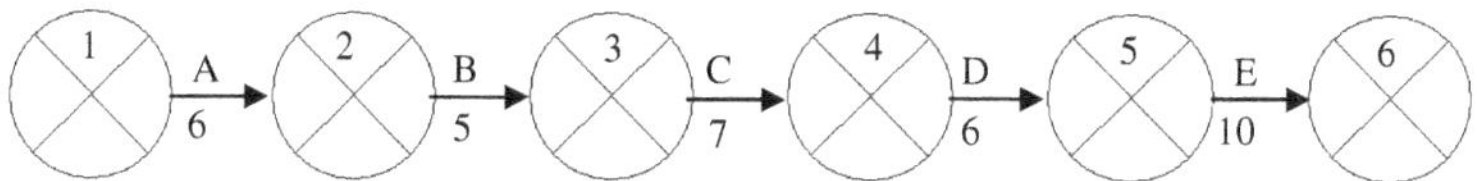

Abbildung~9.1: Struktur des Netzplans

Die Beschriftung von Knoten ist an und für sich willkürlich, sollte allerdings sinnvoll gewählt werden.

[1]In der Literatur findet sich auch die Definition, dass sowohl Vorgänger als auch Nachfolger aufgelistet werden, allerdings ist dies meines Erachtens unnötig kompliziert.

9.2.3 Frühestmöglicher Zeitpunkt (FZP)

Der frühestmögliche Zeitpunkt des Endes eines Vorgangs ergibt sich als Maximum aus den Vorgangsdauern + Endzeitpunkten der einkommenden Pfeile. (Dies ist für diesen Fall trivial, da es nur jeweils einen Vorgänger gibt.) Es ergibt sich:

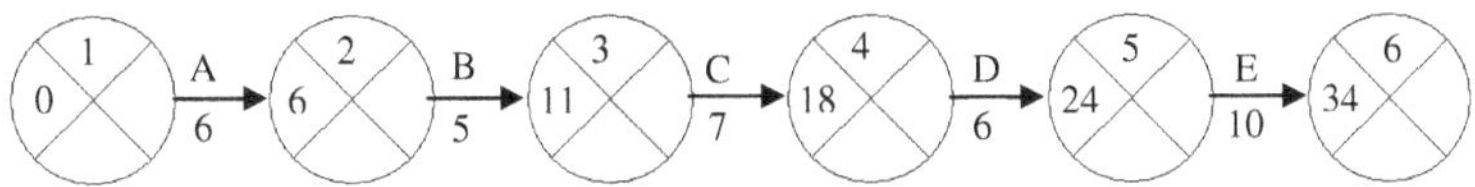

Abbildung~9.2: Netzplan mit frühestmöglichen Endzeitpunkten

9.2.4 Spätestnotwendiger Zeitpunkt (SZP)

Der spätestmögliche Endeitpunkt ergibt sich durch Zurückrechnen vom letzten Knoten aus. Im letzten Knoten gilt FZP=SZP, da andernfalls die Aktivität zu spät abgeschlossen würde. Es ergibt sich somit:

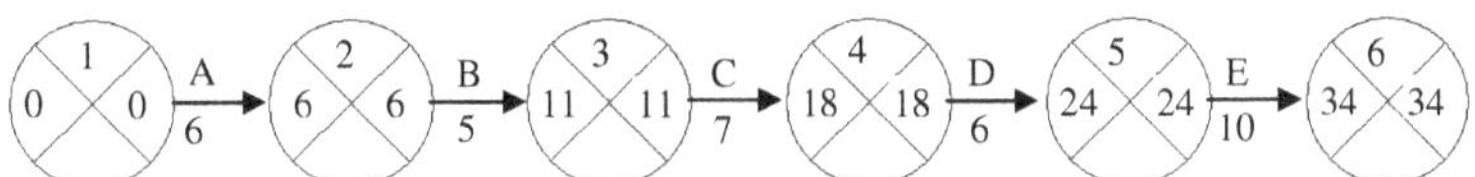

Abbildung~9.3: Netzplan mit spätestnotwendigen Endzeitpunkten

9.2.5 Pufferzeiten (PT)

Pufferzeiten geben bei jedem Vorgang die Zeit wieder, die er später beginnen kann, ohne dass sich die Projektdauer insgesamt ändert. Formal kann die Pufferzeit als $PZ = SZP - FZP$ definiert werden. Es ergibt sich:

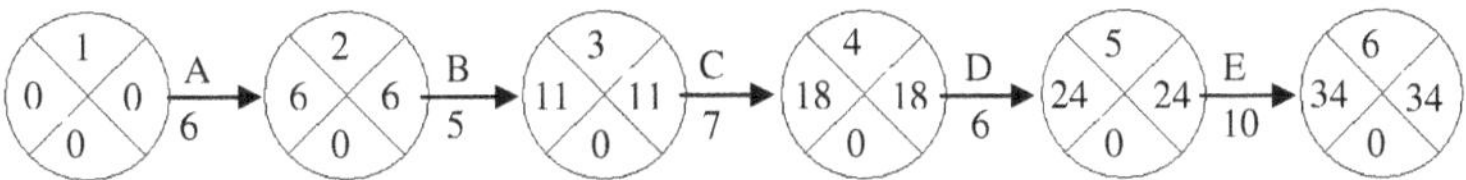

Abbildung~9.4: Netzplan mit Pufferzeiten

9.3 Erweiterungen

9.3.1 Parallele Tätigkeiten

Es kann sein, dass mehrere Vorgänge (parallel erledigt) werden müssen, bevor ein weiterer Vorgang gestartet werden kann.
In unserem Beispiel könnte es sein, dass Layla Soße zubereitet, die parallel zum Kneten angerührt werden soll. Nachgeknetet wird erst, wenn die Soße fertig gekocht und der Teig von der Maschine geknetet wurde. Der Schüler hat inzwischen mehr Routine, kann die Zutaten schneller einfüllen. Durch eine bessere Küchenmaschine lässt sich die Knetzeit reduziert werden.

Nr.	Vorgang	Ausführungsdauer [min]	
A	Knetmaschine aufstellen	6	—
B	Zutaten holen	5	A
C	Zutaten einfüllen	3	B
D	Soße kochen	6	B
E	Kneten lassen	2	C
F	Mit Hand nachkneten	10	D, E

Hieraus ergibt sich der folgende Netzplan:

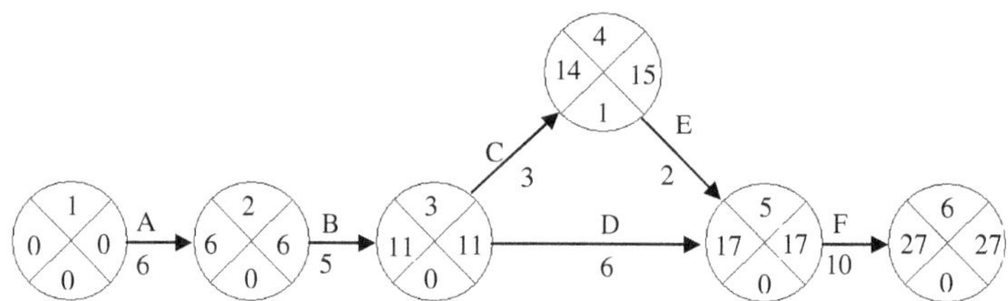

Abbildung~9.5: Netzplan mit Parallelvorgängen

9.3.2 Scheinvorgänge

Es kann vorkommen, dass zwei Knoten den gleichen Vorgänger und den gleichen Nachfolger haben, also parallel bearbeitet werden müssen.
Da zwei Knoten aber immer nur durch genau eine Kante verbunden werden dürfen, müssen sogenannte „Scheinvorgänge" eingeführt werden.

Aufgrund der großen Arbeitsmenge hilft Layla noch etwas und stellt die Küchenmaschine auf, während der Schüler die Zutaten holt. Es wird inzwischen ein altes Familienrezept für die Soße verwendet. Dies dauert zwar länger, die Soße ist dafür aber der Traum aller Gäste.

Nr.	Vorgang	Ausführungsdauer [min]	
A	Knetmaschine aufstellen	6	—
B	Zutaten holen	5	—
C	Zutaten einfüllen	7	A, B
D	Soße kochen	20	C
E	Kneten lassen	6	C
F	mit Hand nachkneten	10	E

Der zugehörige Netzplan sieht folgendermaßen aus:

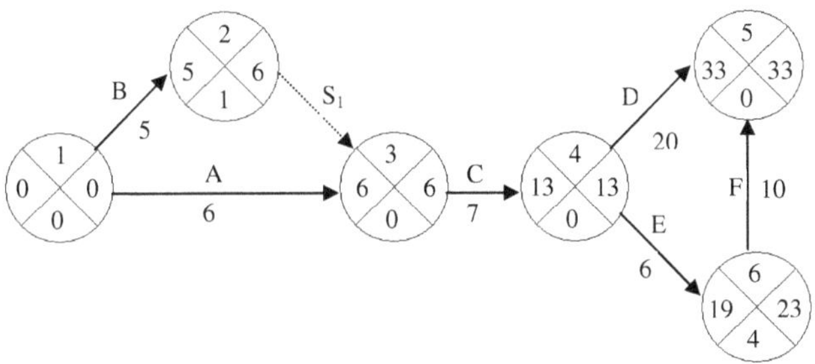

Abbildung~9.6: Netzplan mit Scheinvorgängen

Scheinvorgänge werden als gestrichelte Linien eingezeichnet.
Anmerkung: Wenn es die Möglichkeit gibt, Scheinvorgänge in einem Netzplan zu vermeiden, sollte diese verwendet werden, da Scheinvorgänge nur eine Hilfskonstruktion sind, die das Lesen des Netzplans verkomplizieren.

Scheinvorgänge können verschieden angeordnet werden. Folgende Möglichkeiten sind inhaltlich identisch:

- 1. Möglichkeit

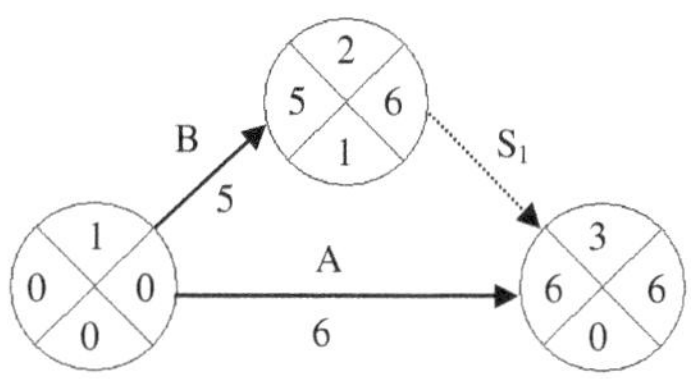

Abbildung~9.7: Scheinvorgänge: 1. Möglichkeit

- 2. Möglichkeit

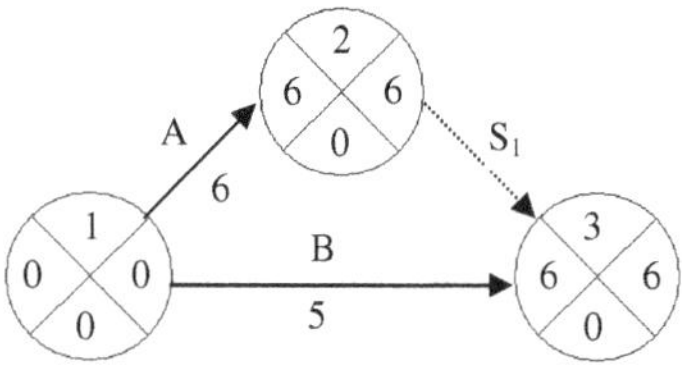

Abbildung~9.8: Scheinvorgänge: 2. Möglichkeit

- 3. Möglichkeit

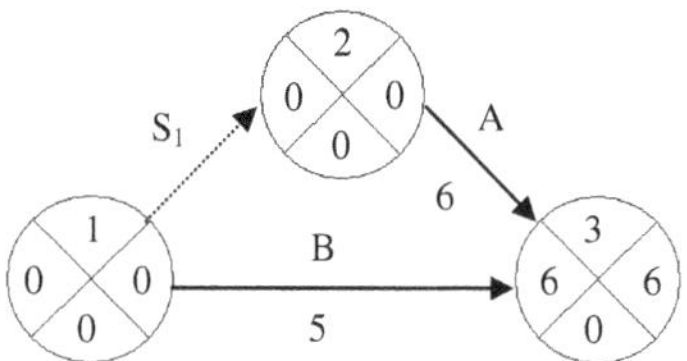

Abbildung~9.9: Scheinvorgänge: 3. Möglichkeit

- 4. Möglichkeit

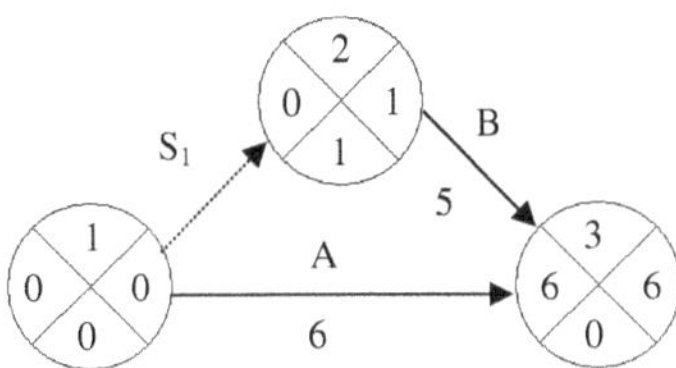

Abbildung~9.10: Scheinvorgänge: 4. Möglichkeit

9.3.3 Der kritische Pfad

Es stellt sich nun die Frage, welche Vorgänge für den Projektverlauf „kritisch" sind, das heißt bei welchen Vorgängen eine Verzögerung direkt zu einer Verzögerung im Projekt führen würden. Betrachten wir hierzu den vorigen Netzplan mit Scheinvorgang S_1. Der Vorgang B beginnt im 1. Knoten (spätester Zeitpunkt: 0) und endet im 3. Knoten (spätester Zeitpunkt: 6). Für den Vorgang stehen folglich 6 Zeiteinheiten zur Verfügung, allerdings ist seine Regeldauer nur 5 Minuten. Im Knoten 2 muss folglich eine Pufferzeit von 1 eingetragen werden.

Somit könnte Vorgang B eine Minute länger dauern, ohne das Projekt insgesamt zu verlängern, er ist also nicht kritisch. Werden nacheinander alle Vorgänge überprüft, so erhalten wir den „kritischen Pfad", eine Verbindung aller kritischen Vorgänge. Den kritischen Pfad werden wir im Folgenden mit einer fett gedruckte Linie kennzeichen. Für das Beispiel ist er im folgenden Netzplan eingezeichnet:

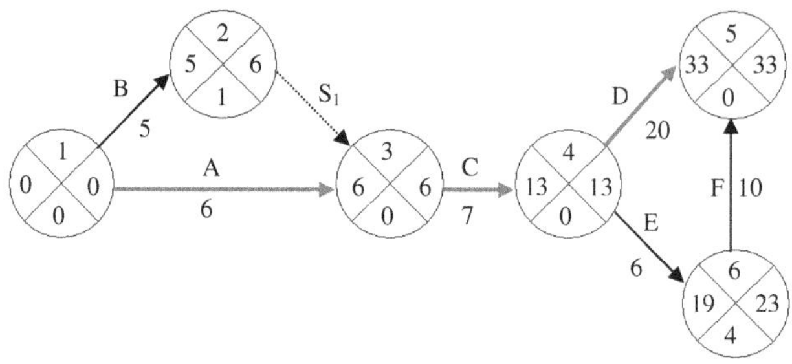

Abbildung~9.11: Netzplan mit kritischem Pfad im 1. Beispiel

9.4 Eine weitere Beispielaufgabe

Das erste Jahr bei „ALI" ist vorüber und unsere Freunde stellen erfreut fest, dass der Jahresüberschuss doppelt so hoch ist wie erwartet. Um die Kundenzufriedenheit weiter zu steigern und neue Kunden zu gewinnen, entschließen sie sich, das Restaurant zu renovieren. Insbesondere ist die Einrichtung eines Raucherraums geplant. Es wird eine Vorgangsliste erstellt. Der Netzplan hierzu ist noch anzufertigen.

Vorgang	Ausführungsdauer [Tage]	
A	8	———
B	5	———
C	10	A, B
D	4	A, B
E	4	C
F	6	D, E

Sukzessiv aufgebaut ergibt sich hieraus folgender Netzplan:

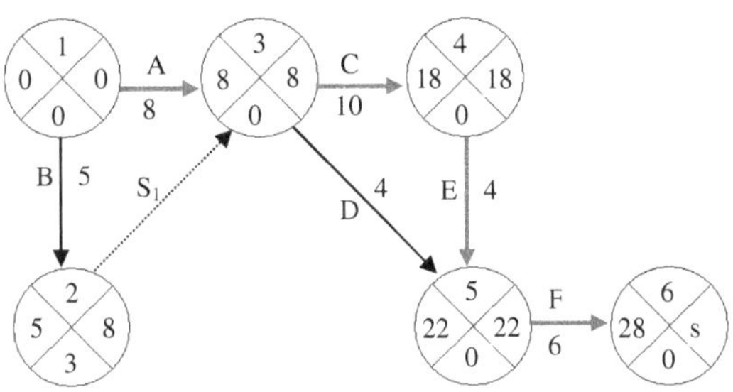

Abbildung~9.12: Netzplan mit kritischem Pfad für das 2. Beispiel

Kapitel 10

Regressionsanalyse

Weiterführende Literatur:
Gujarati, D. N.: „Basic Econometrics" (2003), Kapitel 1.
Müller-Merbach, H.: „Operations Research" (1973), Kapitel 13.2.
Schlittgen, R.: „Einführung in die Statistik" (2000), Kapitel 20.
Lernziele: Am Ende dieses Kapitels sollen Sie...
...verstanden haben, was das Prinzip von Regression ist.
...die Herleitung des KQ-Schätzers beherrschen.
...aus vorgegebenen Daten per Hand und mithilfe des Regressions-Tools von EXCEL die Regressionsgerade ermitteln können.

10.1 Grundproblem

Unsere Freunde bei „ALI" möchten wissen, wie der Zusammenhang zwischen Preis und Menge (also die Nachfrage- bzw. Preis-Absatz-Funktion) für den Döner „Spezial" aussieht. Könnte der Preis vielleicht noch etwas erhöht werden, ohne Kunden zu verlieren?
Layla war vor Kurzem auf einem Vortrag der „Boston Consulting Group" (BCG) zum Thema Regressionsanalyse. Sie zeigt Achmed und Ingo folgende Grafik:

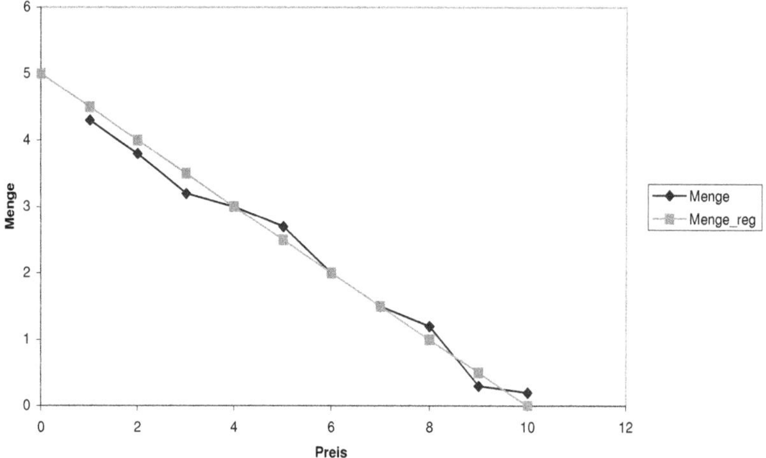

Abbildung~10.1: Veranschaulichung der Idee von Regression

Sie erklärt ihren Freunden, dass in ausgewählten Läden Preisveränderungen vorgenommen wurden und die Nachfrage beobachtet wurde. Die Punkte in der Grafik geben Preis-Mengen-Kombinationen an, die sich bei diesen Preisexperimenten ergeben haben. Durch diese Punkte habe Ali eine Gerade gelegt, er weiß allerdings nicht, ob diese die Punkte optimal beschreiben. Sie sollen nun die genaue Preis-Absatz-Funktion ermitteln.

10.2 Der Kleinste-Quadrate-Schätzer

10.2.1 Aufstellen der Zielfunktion

Zuerst müssen wir uns überlegen, was wir überhaupt tun wollen.
Wir suchen eine Gerade:
Menge = *Konstante* + *Steigung*·*Preis* oder
$y = a + b \cdot p$, die den Zusammenhang von Menge y und Preis p am besten wiedergibt.
Um auf Bekanntes zurückzugreifen, wird im Folgenden (wie in der Schule) die Notation $y = a + b \cdot x$ verwendet.
Wie können wir diesen Zusammenhang ermitteln?

- $\left.\begin{array}{c}\text{Raten?}\\ \text{Ausprobieren?}\end{array}\right\}$ ist schwer zu begründen

- Berechnen? Aber wie?

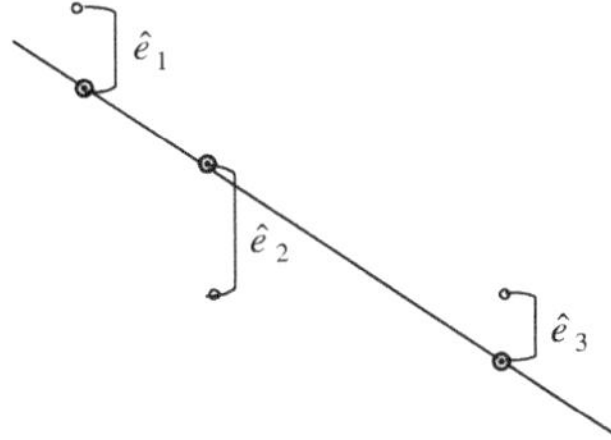

Abbildung~10.2: Grafische Darstellung des Schätzfehlers

Die empirischen Werte liegen offensichtlich nicht auf einer Geraden, es tritt also ein Fehler (error, $\widehat{e}$) bei der Schätzung auf.
Bezeichnen wir nun die durch die Gerade auf der Basis einer Stichprobe geschätzten Werte von y mit $\widehat{y}$.
Somit ist $y_k = \widehat{y}_k + \widehat{e}_k$.
Grafisch wird diese formale Schreibweise schnell verständlich:
Die Schätzer für a, b werden analog mit $\widehat{a}, \widehat{b}$ bezeichnet.
Wie kann nun aber hieraus die Zielfunktion abgeleitet werden?
Die Abweichungen,
$\widehat{e}_k = y_k - \widehat{a} - \widehat{b} \cdot x_k$,
sollen minimiert werden. Allerdings könnte dies auch geschehen, indem die Gerade sehr hoch gelegt wird, wodurch die Werte von $a+b \cdot x_k$ sehr groß würden. Es gibt zwei einfache Möglichkeiten, dieses Problem zu umgehen:

- Benutzen der Absolutbeträge, also $|\widehat{e}_k|$ oder
- Benutzen der Quadrate, $\widehat{e}_k^2$

Da zur Bestimmung des Optimums die Funktion abgeleitet werden muss, ist die 2. Alternative vorzuziehen.
Die Zielfunktion lautet also:
$\min.\ Z = \sum_{k=1}^{n} \widehat{e}_k^2 = \sum_{k=1}^{n} \left(y_k - \widehat{a} - \widehat{b} \cdot x_k\right)^2$

10.2.2 Herleitung des Optimums

Durch das Ableiten und Nullsetzen ergeben sich die Schätzwerte wie folgt:
$\frac{dZ}{d\widehat{a}} = 2 \cdot \sum_{k=1}^{n} \left(y_k - \widehat{a} - \widehat{b} \cdot x_k\right) \cdot (-1) = 0\ (I)$
$\frac{dZ}{d\widehat{b}} = 2 \cdot \sum_{k=1}^{n} \left(y_k - \widehat{a} - \widehat{b} \cdot x_k\right) \cdot (-x_k) = 0\ (II)$
Einige Umformungen ergeben:
$\Rightarrow \widehat{a} = \overline{y} - \widehat{b} \cdot \overline{x}$

$\Rightarrow \widehat{b} = \frac{\overline{xy} - \overline{x} \cdot \overline{y}}{\overline{x^2} - \overline{x}^2}$ [1]

(Hierbei bezeichnen $\overline{x}$ und $\overline{y}$ die Mittelwerte von x und y in der Stichprobe)

[1] Es wird empfohlen, die Herleitung selbst zu versuchen.

10.2.3 Berechnung mithilfe von EXCEL

Als Beispieldaten sind gegeben:

Preis	Menge
9	1
8	3,5
7	5
6	7
5	7,5
4	8,5
3	9
2	10
1	11,5

In EXCEL ist unter „Extras"→„Analysefunktionen" die Funktion „Regression" zu finden. (Sollte diese Funktion nicht zur Verfügung stehen, muss sie erst unter „Extras"→„Add-Ins-Manager" aktiviert werden.) Die Berechnung erfolgt in drei Schritten:

1. Eingabe der Daten in das Tabellenblatt

   Wir geben die Daten folgendermaßen in die Tabelle ein:

	A	B
1	**Preis**	**Menge**
2	9	1
3	8	3,5
4	7	5
5	6	7
6	5	7,5
7	4	8,5
8	3	9
9	2	10
10	1	11,5
11		

   Abbildung~10.3: Eingabe der Werte in EXCEL

2. Verwendung des Regressions-Tools

   Rufen wir nun unter „Extras"→„Analysefunktionen"→„Regression" das benötigte Tool auf.

   Wir markieren den Y- und X-Eingabebereich. Falls auch die Spaltenüberschriften markiert wurden, so müssen wir das Häkchen im Feld „Beschriftungen" setzen. Der Einbezug der Spaltenüberschriften besitzt den Vorteil, dass auch im Output die gewählten Beschriftungen verwendet werden. Durch das Markieren der Felder ergibt sich folgendes Bild:

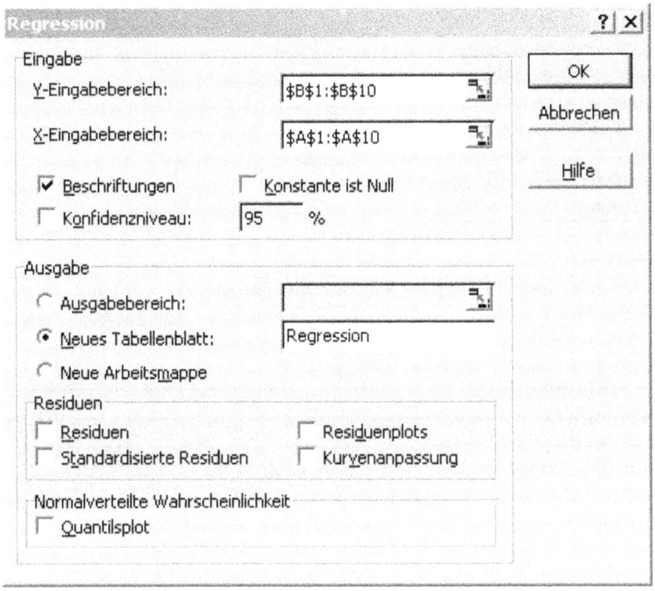

Abbildung~10.4: Eingabe in das Regressions-Tool

3. Ablesen des Ergebnisses

Falls die Spaltenüberschriften mit verwendet wurden, erhalten wir nach der Betätigung von „OK" den folgenden Output:

AUSGABE: ZUSAMMENFASSUNG

Regressions-Statistik	
Multipler Korr	0,97710534
Bestimmtheit	0,95473485
Adjustiertes E	0,9482684
Standardfehle	0,75435245
Beobachtung	9

ANOVA

	Freiheitsgrade	*(dratsummen (*	*Quadratsumr*	*Prüfgröße (F)*	*F krit*
Regression	1	84,0166667	84,0166667	147,644351	5,8466E-06
Residue	7	3,98333333	0,56904762		
Gesamt	8	88			

	Koeffizienten	*Standardfehle*	*t-Statistik*	*P-Wert*	*Untere 95%*
Schnittpunkt	12,9166667	0,54802435	23,5695123	6,2864E-08	11,6207959
Preis	-1,18333333	0,09738648	-12,1508992	5,8466E-06	-1,41361561

Abbildung~10.5: Ausgabe des Regressionstools

Was sagt uns dies?

- „Bestimmheitsmaß": Wie viel der Streuung wird durch die Regressionsgerade erklärt? Hier: 95,47%
- „Koeffizienten" sind die Werte von $\widehat{a}, \widehat{b}$. Die Regressionsgleichung lautet also: $\widehat{y} = 12,917 - 1,183 \cdot x$
- „t-Statistik" (t) gibt an, ob diese Schätzer „signifikant" sind oder ob es sinnvoller wäre, die Variable aus der Regressionsgleichung wegzulassen.

  Regel: $|t - Statistik|$>1,96: Variable in Regression belassen.
  In diesem Fall sind also sowohl Schnittpunkt als auch Steigungsparameter signifikant.
- „P-Wert" sagt das gleiche aus. Regel: Wenn P-Wert<5%, Variable in Gleichung belassen.

  In diesem Abschnitt soll abkürzend die Schreibweise

  $y = \underset{\begin{pmatrix}\text{T-Statistik}\\ \\ \text{P-Wert}\end{pmatrix}}{a} + \underset{\begin{pmatrix}\text{T-Statistik}\\ \\ \text{P-Wert}\end{pmatrix}}{b} \cdot x$ verwendet werden.
- Es ergibt sich also:

- $y = \underset{\begin{pmatrix} 23{,}57 \\ 6{,}286 \cdot 10^{-8} \end{pmatrix}}{12{,}917} - \underset{\begin{pmatrix} -12{,}151 \\ 5{,}847 \cdot 10^{-6} \end{pmatrix}}{1{,}183}$

  Es liegt also ein negativer linearer Zusammenhang vor, beide Parameter sind zudem signifikant.

- Eine weitere Regel besagt: Wenn „Prüfgröße (F)">,F krit", macht das Regressionsmodell insgesamt Sinn.

Ist ein nichtlinearer Zusammenhang vorhanden, bspw. $y = a \cdot b^x$, so muss, um die Funktion mithilfe der Regression schätzen zu können, diese zuerst linearisiert werden. In dem angegebenen Beispiel ergibt sich $\ln(y) = \ln a + x \cdot \ln b$.

Kapitel 11

Einfache Bestellmengenplanung

Weiterführende Literatur:

Wöhe, G.: „Einführung in die Allgemeine Betriebswirtschaftslehre" (2002), S. 419 f.

Lernziele: Am Ende dieses Kapitels sollen Sie...

...die Formel zur Bestimmung der optimalen Bestellmenge bei kontinuierlichem und gleichmäßigem Lagerabgang herleiten und anwenden können.

...die optimale Bestellmenge sowohl mit als auch ohne Computerereinsatz berechnen können.

Laylas Schwager, der Ferrari-Händler Pietro Goldoni aus Frankfurt, steht vor dem Problem, wie viele Ferraris vom Modell „Enzo" er bestellen soll. Er muss hierbei mehrere Kostenkomponenten beachten:

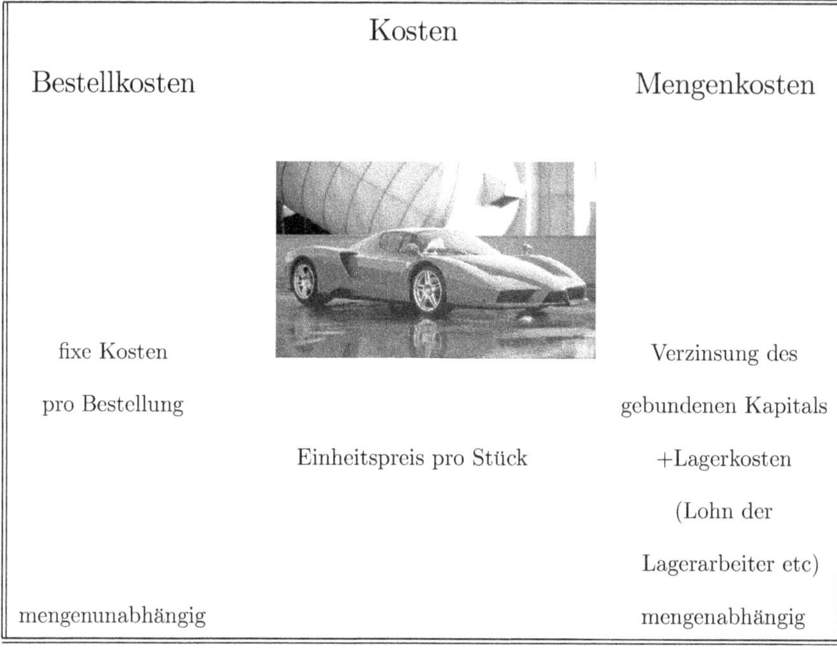

11.1 Grundlagen

11.1.1 Vorüberlegung

Da es mannigfaltig viele Möglichkeiten gibt, wie sich der Lagerbestand entwickeln kann, müssen einige Annahmen getroffen werden, um die Komplexität zu verringern und das Problem somit allgemein lösbar zu machen.
Es wird ausgegangen von einem

- kontinuierlichen und
- gleichmäßigen

Lagerabgang.
Der Lagerbestand bei Bestellung von Q Stück entwickelt sich daher wie in folgender Grafik dargestellt:

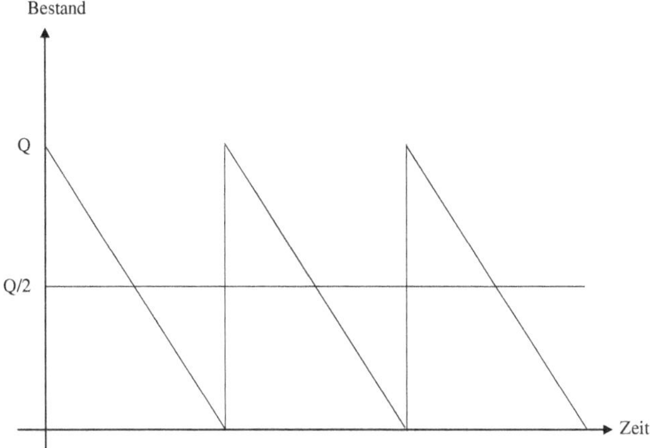

Abbildung~11.1: Durchschnittlicher Lagerbestand und Lagerbestandsentwicklung

Der durchschnittliche Lagerbestand beträgt also $\frac{Q}{2}$.

11.1.2 Zielfunktion

Zielwert sind die Kosten. Die Zielfunktion besteht aus drei Teilen, lässt sich allerdings auf zwei Teile komprimieren.
Die Kosten sind abhängig von:
-Einkaufspreis (P),
-gesamter Nachfrage in der Periode (D),
-fixen Kosten pro Bestellung (F), z. B. Lohn des LKW-Fahrers, sind unabhängig von der Losgröße (Q),
-Zahl der Bestellungen ($\frac{D}{Q}$),
-Lagerhaltungskostensatz (h): Prozentsatz des Einstandspreises,
der als Lagerkosten anfällt,
-Einstandspreis der Ware (V),
Es ergibt sich somit die Kostenfunktion:

$$C(Q) = \underbrace{F \cdot \frac{D}{Q}}_{Bestell.fix} + \underbrace{\frac{Q}{2} \cdot h \cdot P}_{Lagerkosten} + \underbrace{D \cdot P}_{Warenkosten}$$

Die Warenkosten müssen unabhängig von der Losgröße bezahlt werden und sind daher nicht entscheidungsrelevant. Sie fallen bei Ableitung der Funktion nach der Bestellmenge daher auch weg.

11.2 Bestimmung des Optimums

Das Optimum ergibt sich durch Ableiten und Gleichsetzen mit 0:

$\frac{dC(Q)}{dQ} = F \cdot (-1) \cdot \frac{D}{Q^2} + \frac{1}{2} \cdot h \cdot P = 0$
$\Rightarrow \frac{1}{2} \cdot h \cdot P = F \cdot \frac{D}{Q^2}$
$\Rightarrow Q^* = \sqrt{\frac{2 \cdot F \cdot D}{h \cdot P}}$
$C\left(Q^*\right)$ gibt die Kosten der Periode bei Bestellung der optimalen Menge an.

11.2.1 Berechnung des Optimums mit dem EXCEL-Solver

Wenn häufiger die optimale Bestellmenge gesucht wird, sich allerdings die Parameter (fixe Bestellkosten, Lager- und Warenkosten) ändern, so empfiehlt sich die Bestimmung mithilfe des PCs. Entweder die Formel wird mit Feldern zur Eingabe der Parameterwerte direkt in das Tabellenblatt geschrieben oder die Kostenfunktion wird in Abhängigkeit von den einzelnen Parametern in das Tabellenblatt eingegeben und anschließend mithilfe des Solvers minimiert. Das erste Vorgehen ist sehr einfach. Um die Ergebnisse beider Verfahren zu vergleichen, wird zum einen die Formel in die entsprechenden Zellen bei K(Formel) und Q(Formel) eingetragen sowie auch die Kostenfunktion minimiert.
Beispieldaten:
F=5000$/Bestellung
P=5 $/Stück
h=20%/Jahr
D=10.000 Stück/Monat
Verfahren wird in den folgenden vier Schritten:

1. Erstellung einer Vorlage zur Eingabe der Parameterwerte und Formulierung der Zielzelle (B8)

   (Achtung: D ist pro Monat angegeben! D=120.000 Stück/Jahr)

	A	B
1	F	5000
2	P	5
3	h	20%
4	D	120000
5	Q(Solver)	1
6	Q(Formel)	34641,0162
7		
8	K=	600000001
9	K(Formel)=	34641,0162

Abbildung~11.2: Vorlage zur Berechnung der optimalen Bestellmenge

(Q(Formel) und K(Formel) sind die Werte, die sich bei Benutzung der oben hergeleiteten Formel ergeben. Sie dienen hier ausschließlich der Überprüfung der Richtigkeit der EXCEL-Lösung.)

2. Formulierung der Zielzelle (Gesamtkosten, `B8`)

   `=B1*B4/B5+(B5/2)*B3*B2`

3. Solver-Eingabe:

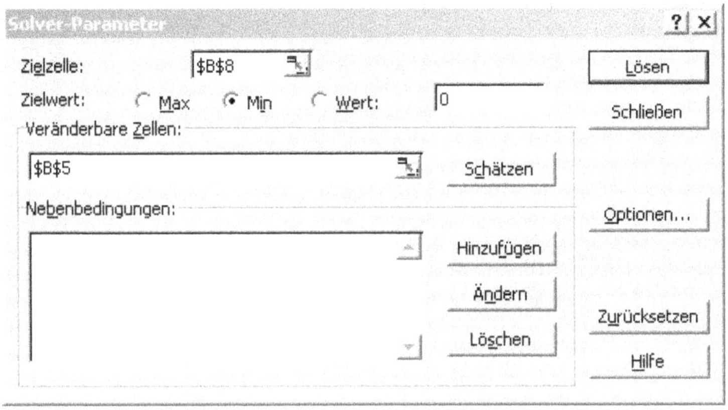

Abbildung~11.3: Solver-Eingabe zur Bestimmung der optimalen Bestellmenge

4. Start des Solvers:

   Es ergibt sich $Q^*_{Solver} = 34641,01615$, und auch die Formel liefert

   $Q^*_{Formel} = 34641,01615$.

11.2.2 Berechnung des Optimums mithilfe von LINGO

LINGO haben wir bereits kennengelernt, um lineare Programme zu optimieren. Seine große Stärke und einfache Bedienbarkeit zeigt sich nun.
Nach Start des Programms geben Sie in das freie Blatt Folgendes ein:

```
min=5000*120000/Q+Q/2*0.2*5;
```

Oder alternativ, wenn die Parameterwerte häufig geändert werden:

Wir müssen bei der Eingabe beachten, dass wir „0.2" statt „0,2" schreiben. Anschließend klicken wir auf den "Solve"-Icon (Zielscheibe mit Dartpfeil), woraufhin sich ein Fenster mit der richtigen Lösung öffnet. Die Eingabe ist offensichtlich wesentlich einfacher als in EXCEL.

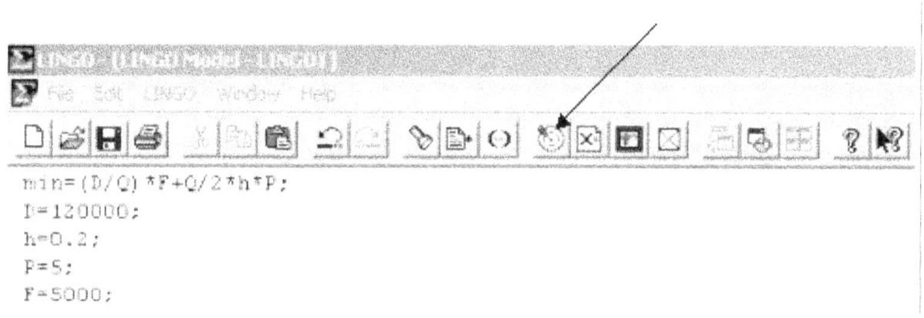

Abbildung˜11.4: Eingabe der Werte und "Solve"-Button in "LINGO 10"

Kapitel 12

Transportprobleme

Weiterführende Literatur:
Chopra, S./Meindl, P.: „Supply Chain Management - Strategy, Planning and Operation"; Prentice Hall; 3. Auflage (2006), Kapitel 5, 10.
Dürr, W./Kleinbohm, K.: „Operations Research - Lineare Modelle und ihre Anwendungen" (1983), Kapitel 3.
Lernziele: Am Ende dieses Kapitels sollen Sie...
....komplexe Bestellmengenplanungen beherrschen.
...aus vergebenen Daten die optimale Lieferpolitik bestimmen und dieses Problem auch mathematisch formulieren können.

12.1 Grundproblem

Das Grundproblem dieses Kapitels besteht darin, wie verschiedene Mengen eines homogenen Gutes von Lagerstandorten S_i zu Nachfrageregionen D_j zu befördern sind, wobei die Transportkosten minimiert werden sollen. Beispielsweise kann es darum gehen, welche Dönerverkäufer in Frankfurt von welchen Lebensmittelvertrieben beliefert werden, um die gesamten Transportkosten für die Dönerverkäufer zu minimieren. Es wird davon ausgegangen, dass alle Vertriebspartner gleiche Kilometer-Sätze für die Transporte verlangen.
Grafisch lässt sich das Problem folgendermaßen veranschaulichen:

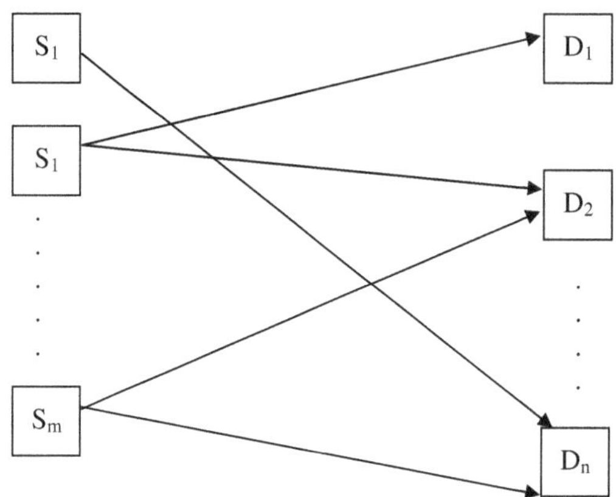

Abbildung~12.1: das Grundproblem der Transportprobleme

12.2 Formulierung des LP-Problems

Entscheidungsvariablen sind:
x_{ij} : Menge des Gutes, die von S_i nach D_j transportiert werden.
Parameter sind:
c_{ij} : Kosten des Transportes eines Stücks des Gutes von S_i nach D_j.
F_i : Fixkosten von Lagerstandort i (nicht entscheidungsrelevant).
Es ergibt sich die Kostenfunktion:
$C = \sum_{i=1}^{n} \sum_{j=1}^{m} c_{ij} \cdot x_{ij} + \sum_{i=1}^{n} F_i$
Hierbei sind folgende Nebenbedingungen zu erfüllen:

- $\sum_{i=1}^{n} x_{ij} \geq D_j; j = 1, ..., m$
  (Versorgung der gesamten Nachfrage in j)
- $\sum_{j=1}^{m} x_{ij} \leq K_i, i = 1, ..., n$
  (Nicht-Überschreitung der Kapazität in i)
- $x_{ij} \geq 0$

12.3 Lösung des LP-Problems

12.3.1 Lösung mithilfe von „EXCEL"

Wieder soll die Lösung anhand eines Beispiel vorgestellt werden.

Es gibt: drei Lagerorte: A, B, C und
drei Absatzorte: X, Y, Z.
Folgende Tabelle gibt die Kosten an, um ein Stück von einem Lager- zu einem Absatzort zu transportieren.

	X	Y	Z
A	6	9	13
B	9	8	15
C	12	10	7

Die Nachfragemengen sind $D_X = 1000, D_Y = 3000, D_Z = 5000.$
Die Kapazitäten sind $K_A = 5000, K_B = 4500, K_C = 3000.$
Das zugehörige EXCEL-Sheet hat folgendes Aussehen:

	A	B	C	D	E	F
1	Transportkosten					
2		X	Y	Z		
3	A	6	9	13		
4	B	9	8	15		
5	C	12	10	7		
6						
7	Entscheidungsvariablen				Summe	Ki
8		1	1	1	3	5000
9		1	1	1	3	4500
10		1	1	1	3	3000
11	Summe	3	3	3		
12	Dj	1000	3000	5000		
13						
14	Kosten	89				

Abbildung~12.2: EXCEL-Sheet des Transportproblems

Die Zelle `B14` enthält die Formel
`=SUMMENPRODUKT(B3:D5;B8:D10)`,
die jedes Element des ersten Bereichs (`B3:D5`) mit der entsprechenden Zelle des 2. Bereichs (`B8:D10`) multipliziert und dann die Produkte addiert.
In diesem Beispiel: `B3*B8+C3*C8+D3*D8+B4*B9+...+D5*D10`
Die Solver-Eingabe ist:

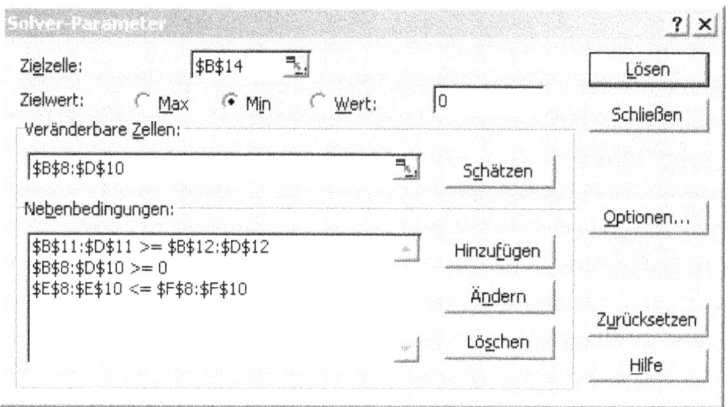

Abbildung~12.3: Solver-Eingabe des Transportproblems

Als Lösung ergibt sich:

	A	B	C	D	E	F
1	Transportkosten					
2		X	Y	Z		
3	A	6	9	13		
4	B	9	8	15		
5	C	12	10	7		
6						
7	Entscheidungsvariablen				Summe	K_i
8		1000	0	2000	3000	5000
9		0	3000	0	3000	4500
10		0	0	3000	3000	3000
11	Summe	1000	3000	5000		
12	D_j	1000	3000	5000		
13						
14	Kosten	77000				
15						
16						

Abbildung~12.4: Lösung des Transportproblems

12.3.2 Lösung mithilfe von „LINGO"

Da jede Variable x_{ij} auch in LINGO als Variable eingeführt werden muss, lautet die Eingabe wie folgt:

```
min=6*x11+9*x12+13*x13+9*x21+8*x22+15*x23+12*x31+10*x32+7*x33;

x11+x12+x13<=5000;
x21+x22+x23<=4500;
x31+x32+x33<=3000;

x11+x21+x31>=1000;
x12+x22+x32>=3000;
x13+x23+x33>=5000;
```

Abbildung~12.5: Eingabe der Aufgabenstellung in LINGO

Es ergibt sich die gleiche Lösung wie in EXCEL:

```
Global optimal solution found.
Objective value:                              77000.00
Total solver iterations:                             4


                   Variable           Value        Reduced Cost
                        X11        1000.000            0.000000
                        X12        0.000000            1.000000
                        X13        2000.000            0.000000
                        X21        0.000000            3.000000
                        X22        3000.000            0.000000
                        X23        0.000000            2.000000
                        X31        0.000000            12.00000
                        X32        0.000000            8.000000
                        X33        3000.000            0.000000

                        Row    Slack or Surplus      Dual Price
                          1        77000.00           -1.000000
                          2        2000.000            0.000000
                          3        1500.000            0.000000
                          4        0.000000            6.000000
                          5        0.000000           -6.000000
                          6        0.000000           -8.000000
                          7        0.000000           -13.00000
```

Abbildung~12.6: LINGO-Ausgabe für das Problem

An dieser Stelle können wir auch das bisher Gelernte nochmals wiederholen:
Reduzierte Kosten („reduced costs", s. Abbildung 12.6) bei x_{12} in Höhe von 1 bedeuten, dass die Kosten des Koeffizienten x_{12} in der Zielfunktion, um mindestens eine Einheit gesenkt werden müssen, damit x_{12} mit einem Wert > 0 in die Basis aufgenommen wird.
Die y_i sind „Slack or Surplus". Die erste Nebenbedingung ist $x_{11}+x_{12}+x_{13} = 3000 \leq 5000$. Somit ist $y_1 = 2000$ der Surplus in der 2. Zeile, „Row" (in der ersten Zeile steht der Zielfunktionswert). Da die Funktion noch nicht vollständig ausgeschöpft ist, ist sie nicht einschränkend, der „dual price" ist somit gleich 0.

Anmerkung: Wollte man dieses Problem rechnerisch selbst lösen, müsste der Ansatz aus LINGO in ein Simplex-Tableau mit 9 Variablen und 6 Nebenbedingungen überführt und anschließend gelöst werden.

12.3.3 Iterative Bestimmung der Koordinaten eines Zentrallagers

Die Planung eines zentralen Lagerortes kann iterativ[1] per Hand erfolgen. Benutzt wird das sogenannte „gravity model".
Hierbei sei:

- d_k : Abstand zwischen Zielort k und Zentrallager in $\left(x_{(i)}, y_{(i)}\right)$

  Es gilt: $d_k = \sqrt{\left(x_{(i)} - x_k\right) + \left(y_{(i)} - y_k\right)}$ (Satz des Pythagoras)
- D_k : Nachfrage am Zielort k
- c_k : Kosten des Transports einer Einheit vom Lager zum Zielort k
- x_k : x-Koordinate des Zielortes k
- y_k : y-Koordinate des Zielortes k
- x_i : x-Koordinate des Zentrallagers
- y_i : y-Koordinate des Zentrallagers

In einem ersten Schritt werden die Startkoordinaten ermittelt:

$$x_{(0)} = \frac{\sum_{k=0}^{n} D_k x_k c_k}{\sum_{k=0}^{n} D_k c_k}, y_{(0)} = \frac{\sum_{k=0}^{n} D_k x_k c_k}{\sum_{k=0}^{n} D_k c_k}$$

Nun werden die Abstände, d_k, aller Zielorte, k, zur Startposition $\left(x_{(0)}, y_{(0)}\right)$ ermittelt.
Es folgt der erste Iterationsschritt:

$$x_{(1)} = \frac{\frac{\sum_{k=0}^{n} D_k x_k c_k}{d_k}}{\frac{\sum_{k=0}^{n} D_k c_k}{d_k}}, y_1 = \frac{\frac{\sum_{k=0}^{n} D_k x_k c_k}{d_k}}{\frac{\sum_{k=0}^{n} D_k c_k}{d_k}}$$

Nun werden die Abstände aller Zielorte, d_k, zur neuen Position $\left(x_{(1)}, y_{(1)}\right)$ errechnet.
Es folgt die 2. Iteration:

$$\widetilde{x}_{(2)} = \frac{\frac{\sum_{k=0}^{n} D_k x_k c_k}{d_k}}{\frac{\sum_{k=0}^{n} D_k c_k}{d_k}}, \widetilde{y}_1 = \frac{\frac{\sum_{k=0}^{n} D_k x_k c_k}{d_k}}{\frac{\sum_{k=0}^{n} D_k c_k}{d_k}}$$

Dieses Verfahren wird so lange wiederholt, bis sich die Koordinaten kaum[2] noch ändern.

[1] Iterative Verfahren nähern sich dem Optimum schrittweise. Aus der Schule sollte das Newtonsche Iterationsverfahren zur Bestimmung von Nullstellen und das Heron-Verfahren zur Bestimmung von Quadratwurzeln bekannt sein.

[2] Was "kaum" ist, hängt von den Anforderungen bzgl. der Genauigkeit ab. Genügt es beispielsweise zu wissen, in welchem 100km-Radius sich die Orte befinden oder muss die exakte Kommune berechnet werden?

Kapitel 13

Übungsaufgaben

13.1 Aufgaben zu Kapitel 1

13.1.1 Aufgabe 1

Stellen Sie „ALI"'s Ergebnismatrix zu folgendem Entscheidungsproblem auf:
Zum einen soll der Gewinn und zum anderen auch die Kundenzufriedenheit erhöht werden, um eine langfristige Kundenbindung zu erreichen. Möglichkeiten:
-mehr Mitarbeiter einstellen,
-Mitarbeiter entlassen.
Es ergeben sich folgende Werte, wenn die Wirtschaft wächst:
Werden mehr Mitarbeiter eingestellt, sinkt der Gewinn auf 6 Mio. EUR, die Kundenzufriedenheit steigt auf 60 Zufriedenheitspunkte.
Werden Mitarbeiter entlassen, steigt der Gewinn auf 10 Mio. EUR, die Kundenzufriedenheit sinkt auf 30 Zufriedenheitspunkte.
Folgende Werte ergeben sich im Fall einer schrumpfenden Wirtschaft:
Werden mehr Mitarbeiter eingestellt, sinkt der Gewinn auf 3 Mio. EUR, die Kundenzufriedenheit steigt auf 50 Zufriedenheitspunkte.
Werden Mitarbeiter entlassen, steigt der Gewinn auf 7 Mio. EUR, die Kundenzufriedenheit sinkt auf 20 Zufriedenheitspunkte.

13.1.2 Aufgabe 2

Betrachten Sie das folgende Zielsystem und erläutern Sie bzgl. jeder Zielkombination, ob es sich um komplementäre, indifferente oder konkurrierende Ziele handelt:

- Ziel 1: Sport treiben
- Ziel 2: ein hohes Alter erreichen
- Ziel 3: sportbegeisterte Menschen kennenlernen

13.2 Aufgaben zu Kapitel 2

13.2.1 Aufgabe 1

Formulieren Sie das LP-Problem und lösen Sie es grafisch.
Die Freunde von „ALI" möchten den Umsatz erhöhen.
Für den Döner „Standard" benötigt der Angestellte am Grill umgerechnet 2 Minuten, für den „Spezial" 3 Minuten. Er arbeitet täglich 6 Stunden. Der Brotofen hat eine Kapazität von 100 Broten pro Stunde, wird allerdings nur morgens für 1,5 Stunden betrieben, da die Strompreise sehr hoch sind. Es werden weniger Gewürze verwendet, um die Kosten zu senken: „Standard" enthält 50 g Gewürze, „Spezial" 5 g, da die Döner den gestressten Geschäftskunden so bekömmlicher sind. Die Gewürze werden bei einem Spezialitätenhändler gekauft, der täglich allerdings nur 6kg zur Verfügung stellen kann. Der Bioladen hat sein Lieferproblem gelöst, Gemüse steht daher in unbegrenzter Menge zur Verfügung. Die Absatzpreise steigen: „Standard" wird zu einem Preis von 4 EUR und „Spezial" zu 5 EUR verkauft. Wie viele Stück von „Standard" und wie viele von „Spezial" sollen produziert werden, wenn davon ausgegangen wird, dass weiterhin alles Produzierte verkauft wird?

13.2.2 Aufgabe 2

Gegeben ist das folgende LP-Problem im langen Tableau. Bestimmen Sie dessen maximale Lösung!
Überprüfen Sie die Lösung mithilfe von EXCEL und LINGO!

0	Z	x_1	x_2	y_1	y_2	y_3	y_4	RS
	1	-200	-400	0	0	0	0	0
		4	1	1	0	0	0	32
		1	1	0	1	0	0	11
		2	7	0	0	1	0	49
		0	1	0	0	0	1	5

13.2.3 Aufgabe 3

Ein Lineares Problem ist im Folgenden gegeben. Überführen Sie es in das lange Tableau, bestimmen Sie die Lösung. Überprüfen Sie diese zur Übung wiederum in EXCEL und LINGO!
$max.G = 3x_1 + 4x_2$
$s.c.$
$x_1 + 2x_2 \leq 20$

$x_1 + x_2 \leq 10$

$x_2 \leq 8$

13.2.4 Aufgabe 4

Bestimmen Sie das Maximum des folgenden LP-Problems im verkürzten Tableau. Geben Sie auch die Basislösung an!

0	x_1	x_2	RS
U	-30	-20	0
y_1	2	1	6
y_2	5	3	20

13.2.5 Aufgabe 5

Wiederum ist ein LP-Problem im verkürzten Tableau gegeben. Bestimmen Sie das Optimum und geben Sie die Basislösung an!

0	x_1	x_2	RS
G	-1	$-0,8$	0
y_1	5	2	50
y_2	0	1	8

13.2.6 Aufgabe 6

Wenn Sie nun denken, dass Sie das Verfahren beherrschen, so müssen Sie keine weiteren Aufgaben bearbeiten.. Ansonsten bestimmen Sie das Maximum dieses Programms zur Übung!

0	X_1	X_2	RS
G	-300	-600	0
X_3	1	2	170
X_4	1	1	150
X_5	0	3	180

13.2.7 Aufgabe 7

Wieder ist ein Problem im verkürzten Tableau gegeben. Falls Sie noch unsicher im Rechnen des Algorithmus sind, bestimmen Sie das Maximum bei dieser Aufgabe ausführlich. Dokumentieren Sie die Auswahl von Pivotzeile, -spalte und -element. Bei großer Unsicherheit sollten Sie nach der Erstellung jedes Tableaus mit der Musterlösung vergleichen.

0	x_1	x_2	RS
U	-3	$-2,5$	0
y_1	1	$0,5$	4
y_2	1	1	6

13.3 Aufgaben zu Kapitel 3

Bestimmen Sie die Optima der folgenden LP-Probleme. Benutzen Sie das verkürzte Tableau. Geben Sie auch die Basislösung an!
In diesen Aufgaben wurden als Variablen x und y verwendet. Variablen können beliebig benannt werden, verwechseln sie nur nicht y (Entscheidungsvariable) und y_i (Schlupfvariable).

13.3.1 Aufgabe 1

$\max. \ Z = x + 1.5 \cdot y$

$s.c.$

$x + 2 \cdot y \geq 5$

$x + y \leq 10$

13.3.2 Aufgabe 2

$\max. \ Z = x + 1,5 \cdot y$

$s.c.$

$x + 2 \cdot y \leq 15$

$x + 3 \cdot y = 20$

13.3.3 Aufgabe 3

$\max. \ Z = x + 1,5 \cdot y$

$s.c.$

$x + 2 \cdot y \geq 15$

$x + y = 10$

$x + 3 \cdot y \leq 20$

13.3.4 Aufgabe 4

min. $Z = x + 1{,}5 \cdot y$

s.c.

$x + 2 \cdot y \geq 15$

$x + y \leq 10$

$x + 3 \cdot y \geq 20$

13.3.5 Aufgabe 5

min. $Z = x + 1{,}5 \cdot y$

s.c.

$x + 2 \cdot y \leq 15$

$x + y = 10$

$x + 3 \cdot y = 20$

13.3.6 Aufgabe 6

min. $Z = 2 \cdot x + 1.5 \cdot y$

s.c.

$x + 2 \cdot y \leq 15$

$x + y = 10$

$2 \cdot x + y \geq 15$

13.3.7 Aufgabe 7

min. $Z = x + 1{,}5 \cdot y$

s.c.

$x + 2 \cdot y \geq 15$

$x + y = 10$

$x + 3 \cdot y \geq 20$

13.3.8 Aufgabe 8

Die Lösung bei drei Variablen verläuft analog. Testen Sie sich an folgendem Beispiel:

max. $G = x + y + z$

s.c.

$x + 2y \leq 20$

$3x + 2z \leq 30$

13.3.9 Aufgabe 9

Was fällt bei der Optimierung eines Minimierungsproblems bei ausschließlich $\leq$-Restriktionen mithilfe des Simplex-Algorithmus auf?

13.4 Aufgabe zu Kapitel 4

13.4.1 Aufgabe 1

Bestimmen Sie das Sensitivitäts-Tableau zu Aufgabe 2 von Kapitel 2. Benutzen Sie hierfür Ihre Lösung aus diesem Kapitel und lesen Sie aus dem optimalen Simplex-Tableau ab!

13.4.2 Aufgabe 2

Bestimmen Sie das Sensitivitäts-Tableau zu Aufgabe 3 von Kapitel 2. Benutzen Sie hierfür Ihre Lösung aus diesem Kapitel und lesen Sie aus dem optimalen Simplex-Tableau ab!

13.4.3 Aufgabe 3

Bestimmen Sie das Sensitivitäts-Tableau zu Aufgabe 4 von Kapitel 2. Benutzen Sie hierfür Ihre Lösung aus diesem Kapitel und lesen Sie aus dem optimalen Simplex-Tableau ab!

13.4.4 Aufgabe 4

Überprüfen Sie Ihr Ergebnis von Aufgabe 1 dieses Kapitels, soweit möglich, mithilfe des EXCEL-Solvers und LINGO.

13.4.5 Aufgabe 5

Überprüfen Sie Ihr Ergebnis von Aufgabe 2 dieses Kapitels, soweit möglich, mithilfe des EXCEL-Solvers und LINGO.

13.5 Aufgaben zu Kapitel 5

Bestimmen Sie in den folgenden Aufgaben jeweils das Optimum.

13.5.1 Aufgabe 1

$\min.\ K = 2x^2 + 3xy + y^2$
$s.c.\ 3x + y = 5$
Ist das Optimum ein Maximum oder ein Minimum?

13.5.2 Aufgabe 2

$\min.\ K = (x-y)^2$
$s.c.\ x + y = 5$
Ist das Optimum ein Maximum oder ein Minimum?

13.5.3 Aufgabe 3

Zu bestimmen ist das maximale Volumen eines Quaders mit einer Oberfläche von $600cm^2$.

13.5.4 Aufgabe 4

$\max.\ Z = x^3y^2z$
$s.c.\ x + y^2 + z^3 = 100$

13.5.5 Aufgabe 5

$\max.\ Z = x^3y^2z$
$s.c.\ x + y + z = 100$

13.5.6 Aufgabe 6

Leiten Sie die optimale Allokation von Kapital und Arbeit her, wenn die Produktionsfunktion durch $Y = K^{0,6} \cdot L^{0,4}$, das Budget mit 200 und die Preise mit $p_K = 9$ und $p_L = 6$ gegeben sind.

13.5.7 Aufgabe 7

Leiten Sie die optimale Allokation von Kapital und Arbeit her, wenn die Produktionsfunktion durch $Y = K^{0,5} \cdot L^{0,5}$, das Budget mit 100 und die Preise mit $p_K = 5$ und $p_L = 10$ gegeben sind.

13.5.8 Aufgabe 8

Der Fall ist nun etwas geändert: Als Zielfunktion sollen die Kosten minimiert werden, wobei eine Menge von 100 Stück hergestellt werden soll. Die Produktionsfunktion lautet $Y = K^{0,5} \cdot L^{0,5}$, Kapital ist zu einem Preis von 20, Arbeit zu einem Preis von 10 verfügbar.

13.5.9 Aufgabe 9

Der gleicher Fall wie in Aufgabe 8 liegt vor: Als Zielfunktion sollen die Kosten minimiert werden, wobei eine Menge von 50 Stück hergestellt werden soll. Die Produktionsfunktion lautet $Y = K^{0,2} \cdot L^{0,8}$, Kapital ist zu einem Preis von 10, Arbeit zu einem Preis von 5 verfügbar.

13.5.10 Aufgabe 10

Bestimmen Sie allgemein das Optimum, wenn die Minimalkostenkombination zu einer festgelegten Produktionsmenge bei Verwendung einer beliebigen Cobb-Douglas-Funktion gesucht wird.

13.6 Aufgaben zu Kapitel 6

13.6.1 Aufgabe 1

Warum wird die Maximax- als „Optimismus-", die Maximin- als „Pessimismus-" und die HurwicZ - Regel als „Optimismus-Pessimismus-Regel" bezeichnet?

13.6.2 Aufgabe 2

Wieso dürfen bei der Laplace-Regel alle Umweltzustände als gleich wahrscheinlich angenommen werden?

13.6.3 Aufgabe 3

Warum macht eine „Minimax-Regel" keinen Sinn, wenn das Ziel für den Entscheider eine positive Größe, bspw. Gewinn ist? Was halten Sie in diesem Fall von einer „Minimin-Regel?"

13.6.4 Aufgabe 4

Gegeben ist die folgende Entscheidungssituation: Die Freunde überlegen, wie sie den Preis des „Standard"-Döners im nächsten Jahr setzen sollen. Wichtig ist hierfür, ob ihre Kunden eine Einkommenserhöhung erhalten, das Einkommen sinkt oder ob sie arbeitslos werden (und daher keinen höheren Preis akzeptieren würden). Die folgende Tabelle gibt den Umsatz [Tsd. EUR] in Abhängigkeit von den gewählten Alternativen und Umweltzuständen an.

	Einkommen steigt	Einkommen sinkt	arbeitslos
Preis erhöhen	20	10	5
Preis beibehalten	16	11	7
Preis senken	14	12	8

Bestimmen Sie die optimale Alternative nach allen bekannten Regeln, verwenden Sie beim Hurwicz-Kriterium sowohl $\alpha = 0,2$ als auch $\alpha = 0,8$!

13.6.5 Aufgabe 5

Die Kunden sind preissensibler als gedacht. Inwiefern verstößt eine solche Entscheidungssituation gegen die Annahmen, die bezüglich Entscheidungsproblemen getroffen wurden? Beheben

Sie das Problem und bestimmen Sie die effiziente Alternative nach allen bekannten Kriterien, verwenden Sie beim Hurwicz-Kriterium sowohl $\alpha = 0,4$ als auch $\alpha = 0,6$!

	Einkommen steigt	Einkommen sinkt	arbeitslos
Preis erhöhen	15	10	5
Preis beibehalten	16	11	7
Preis senken	14	12	8

13.7 Aufgaben zu Kapitel 7

13.7.1 Aufgabe 1

Inwiefern unterscheiden sich Entscheidungen unter Risiko von solchen unter Unsicherheit?

13.7.2 Aufgabe 2

Warum kann das Erwartungswert-Kriterium als Erweiterung des Laplace-Kriteriums angesehen werden?

13.7.3 Aufgabe 3

Die Freunde haben die Situation der Aufgabe 4 aus Kapitel 6 nun konkretisiert, da ihnen von einem Unternehmensberater mitgeteilt wurde, wie wahrscheinlich das Eintreten der Zustände ist. Es ergibt sich:

	Einkommen steigt	Einkommen sinkt	arbeitslos
Eintrittswahrscheinlichkeit	0,3	0,5	0,2
Preis erhöhen	20	10	5
Preis beibehalten	16	11	7
Preis senken	14	12	8

Bestimmen Sie die optimale Alternative nach allen bekannten Regeln!

13.7.4 Aufgabe 4

Was ist der fundamtentale Unterschied zwischen dem Erwartungswert-Standardabweichungs-Kriterium und dem Erwartungswert-Kriteriums?

13.7.5 Aufgabe 5

Beschreiben Sie die Verbindung zwischen der Savage-Niehans-Regel bei Unsicherheit und der Regel des erwarteten Opportunitätsverlustes bei Risiko.

13.8 Aufgaben zu Kapitel 8

13.8.1 Aufgabe 1

Bestimmen Sie alle Nash-Gleichgewichte im folgenden Spiel, bei dem Mann und Frau darüber streiten, ob sie abends besser Basketball spielen oder ins Konzert gehen sollten:

		Mann	
		Basketball	Theater
Frau	Basketball	(20; 10)	(5; 5)
	Theater	(5; 5)	(0; 20)

13.8.2 Aufgabe 2

Bestimmen Sie alle Nash-Gleichgewichte im folgenden Spiel:

		Spieler 2	
		Kopf	Zahl
Spieler 1	Kopf	(1; −2)	(−2; 1)
	Zahl	(−2; 1)	(1; −2)

13.8.3 Aufgabe 3

Die EU und China können entweder viel (V) oder wenig (W) Zoll für den Import von Produkten aus der jeweilig anderen Region verlangen. Es ergibt sich folgende Auszahlungsmatrix:

		EU	
		V	W
VRC	V	(5; 1)	(3; 3)
	W	(4; 3)	(2; 2)

a. Bestimmen Sie das Nash-Gleichgewicht.
b. Nehmen Sie an, China könnte vor der EU seine Strategie festlegen. Modellieren Sie diesen Sachverhalt mithilfe eines Spielbaums.
c. Ermitteln Sie für diesen sequenziellen Fall das teilspielperfekte Gleichgewicht.

13.8.4 Aufgabe 4

Aus der Bibel: Daniel wird den Löwen zum Fraß vorgeworfen.[1]
Die Löwen haben sich nun hintereinander aufgestellt, Daniel ist vor Angst wie gelähmt, die Löwen hingegen sind einfach nur hungrig. Wenn ein Löwe am Fressen ist, so ist er abgelenkt und kann selbst gefressen werden. Allerdings sind alle Löwen Nutzenmaximierer mit folgender Präferenzordnung (Präferenz absteigend geordnet):
1. Fressen und selbst nicht gefressen werden,
2. Nicht fressen und selbst nicht gefressen werden.
a. Stellen Sie den Sachverhalt für drei Löwen in einem Spielbaum dar.
b. Wie lautet in diesem Fall das teilspielperfekte Gleichgewicht?
c. Wie lautet das Gleichgewicht allgemein für die Löwen?

13.8.5 Aufgabe 5

Bestimmen Sie das Nash-Gleichgewicht bei einem Preisspiel, dem Konkurrenzkampf zwischen „ALI" und „MARMARIS DÖNER". Die Werte geben den Gesamt-Deckungsbeitrag für das Produkt „Vegetarischer Döner" für („ALI";„MARMARIS") an.

		MARMARIS	
		niedriger Preis	hoher Preis
ALI	niedriger Preis	(2000;2000)	(6000;1000)
	hoher Preis	(1000;6000)	(4000;4000)

13.9 Aufgaben zu Kapitel 9

13.9.1 Aufgabe 1

Korrigieren Sie den folgenden Netzplan, der unerlaubte parallele Vorgänge enthält! Zeichnen Sie auch den kritischen Pfad ein!

[1] Vgl. "Die Bibel", Altes Testament, Buch Daniel, 6. Kapitel (Dan 6, 14-24) sowie 14. Kapitel (Dan 14, 23-42). Näheres zu dieser Geschichte ist in der Lösung zu dieser Aufgabe zu finden.

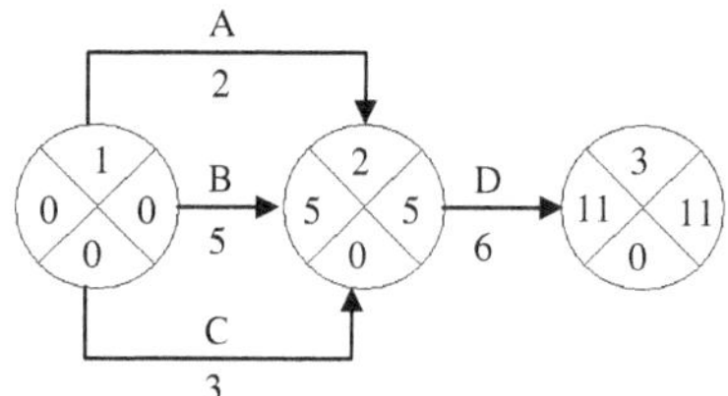

Abbildung~13.1: Netzplan mit unerlaubten Parallelvorgängen

13.9.2 Aufgabe 2

Die Freunde von „ALI" möchten sich im Bereich Wirtschaft fortbilden und besuchen deshalb ein Seminar. Das die Tagung anbietende Unternehmen führt die Buchung in folgenden Schritten durch:

In einem ersten Schritt wird die Tagungsanfrage des Kunden erfasst (3 Minuten). Im Anschluss daran wird die Tagung gebucht (10 Minuten). Hierauf folgt parallel die Flugbuchung zur Tagungsstadt (20 Minuten) und die Lokalisierung des genauen Tagungsortes (10 Minuten). Nach Abschluss beider Vorgänge erfolgt die Reservierung eines nahe gelegenen Hotels (15 Minuten). Nun wird dem Tagungsteilnehmer eine Übersicht mit allen Tagungs-, Hotel- und Flugdaten ausgestellt (2 Minuten).

Erstellen Sie die Vorgangsliste und den Netzplan inklusive des kritischen Pfades!

13.9.3 Aufgabe 3

Der Seminartag rückt näher und die Freunde müssen ihr Restaurant für die Dauer der Fortbildung schließen. Da die Kundenzufriedenheit ihnen aber sehr wichtig ist, möchten sie ihre Kunden vorab informieren. Hierfür wollen sie zuerst eine Kundenkartei anlegen. Es ist bekannt, dass alle Stammkunden donnerstags zum „Freundschaftsabend" erscheinen, an dem sie 30% günstigere Preise erwarten. Da die Zeit knapp ist, müssen die Planungsarbeiten kurz vor Öffnung des Restaurants erledigt werden:

In einem ersten Schritt entwirft Achmed Adresslisten-Vordrucke (20 Minuten), die in einem zweiten Schritt ausgedruckt werden (5 Minuten). Parallel dazu liest Layla die Vordrucke nochmals Korrektur - zur Kontrolle, wie sie sagt (4 Minuten). Ingo verteilt die Listen nun auf dem Begrüßungstisch (5 Minuten). Die Gäste treffen nun ein (20 Minuten) und werden dabei auf der Schwelle von Ingo begrüßt (22 Minuten). Nun füllen alle Gäste die Adresslisten aus (30 Minuten).

Erstellen Sie die Vorgangsliste und den Netzplan inklusive des kritischen Pfades!

13.9.4 Aufgabe 4

Die Adresslisten sind nun vollständig. Layla gibt diese in den Computer ein (30 Minuten), während Ingo Briefumschläge, einen Drucker und Druckpapier einkauft (60 Minuten). Sobald er zurückkommt, druckt Layla die Benachrichtigungen aus. Dazu werden bei allen Blättern insgesamt 20 Minuten benötigt. Nachdem das erste Blatt ausgedruckt ist (1 Minute), beginnt Ingo - parallel zum Ausdruck der anderen Blätter - mit dem Beschriften der Umschläge und dem einkuvertieren. Dies dauert 30 Minuten. Nun werden die Briefe nur noch zur Post gebracht (8 Minuten).
Erstellen Sie die Vorgangsliste und den Netzplan inklusive des kritischen Pfades!

13.9.5 Aufgabe 5

Der Tag der Abreise ist gekommen. Um 6 Uhr morgens treffen sich die Freunde zu einer kurzen Besprechung (10 Minuten). Im Anschluss daran packt jeder seinen Koffer, was bei Achmed 3, bei Layla 20 und bei Ingo 10 Minuten dauert. Nachdem alle ihre Koffer gepackt haben, fahren Achmed und Layla mit dem Auto zum Tagungsort (40 Minuten). Ingo, der langes Autofahren nicht verträgt, fährt nur zum nächsten ICE-Bahnhof (5 Minuten) und anschließend mit dem ICE zum Tagungsort (20 Minuten), wo er seine Freunde erwartet. Es folgt eine kurze Besprechung (2 Minuten).
Erstellen Sie die Vorgangsliste und den Netzplan inklusive des kritischen Pfades!

13.10 Aufgaben zu Kapitel 10

13.10.1 Aufgabe 1

Es wurden Preisexperimente durchgeführt, um den optimalen Preis für den Döner „Spezial" herauszufinden. Hierzu wurde jeden Dienstag ein anderer Preis festgesetzt und die Zahl der verkauften Döner notiert. Jeder Preis kam an zwei verschiedenen Dienstagen vor, um Nachfrageschwankungen zumindest teilweise zu glätten.

Preis	9	8,5	8	7,5	7	6,5	6	5,5	5	4,5
Menge	1	5	4	6	7,5	6,5	10	10,5	11	13,5

Preis	4	3,5	3	2,5	2	1,5	1	0,5
Menge	14,5	13	17	19,5	19	21,5	22	25

Schätzen Sie die zugehörige Regressionsgerade $\widehat{Menge} = a + b \cdot Preis$ und bewerten Sie deren Güte (T-Statistik, P-Werte)!

13.10.2 Aufgabe 2

Achmed hat ein Preisexperimt wie das in Aufgabe 1 durchgeführt und somit die Funktion $\widehat{Menge} = 10.000 - 2500 \cdot Preis$ ermittelt.
Die Werte, für Preis und Menge, die Achmed hiermit errechnete, lagen in der Küche und Layla verschüttete Sauce darüber. Vervollständigen Sie die Tabelle:

Preis	Menge
	3000
	2000
3,20	
3,40	
3,60	

13.10.3 Aufgabe 3

Gegeben sind wieder die Daten aus Aufgabe 1.
Schätzen Sie für diese Daten die Funktion $y = a \cdot b^p$. Bewerten Sie auch die Güte.

13.10.4 Aufgabe 4

Gegeben sei die Punktwolke $\{(x_i, y_i)\}_{1 \leq i \leq n}$.
Leiten Sie die Schätzer der Regressionsgerade $\widehat{y} = \widehat{a} + \widehat{b}x$ allgemein her.

13.10.5 Aufgabe 5

Angenommen es gäbe K Einflussfaktoren. Wie sähe die Gleichung der Regressionsgeraden in Matrixschreibweise formal aus?

13.11 Aufgaben zu Kapitel 11

13.11.1 Aufgabe 1

Achmed träumt nachts, dass er nicht immer die Zutaten einkaufen müsse, sondern diese portioniert (sogenanntes „cross-stocking") geliefert würden. Jede Fahrt würde 1000 EUR kosten. Jeden Tag eines Jahres (365 Tage) würden 500 Portionen verkauft. Jede Portion kostet 5 EUR und es besteht ein Lagerkostensatz in Höhe von 20% pro Jahr. Er wacht auf und stellt sich folgende Frage:

Wie viele Portionen sollten wir bestellen? Was wäre der durchschnittliche Portionsbestand in unserem Lager? Wie hoch wären die gesamten Bestellkosten? Helfen Sie ihm!

13.11.2 Aufgabe 2

Um eine just-in-time-Strategie zu implementieren, muss die Zahl der Portionen pro Lieferung auf 10.000 reduziert werden.
Wenn jede Lieferung weiterhin 1000 EUR kostet, wie hoch sind dann die jährlichen Bestell- und Lagerhaltungskosten von Achmed? Wie viel müsste jede Lieferung pauschal kosten, damit $Q = 100$ optimal ist?

13.11.3 Aufgabe 3

Überprüfen Sie Ihre Berechnung der optimalen Bestellmenge und der Gesamtkosten aus Aufgabe 1 mithilfe des EXCEL-Solvers!

13.11.4 Aufgabe 4

Wie wirkt sich eine Erhöhung der folgenden Parameter auf die optimale Bestellmenge und die optimale Zahl der Bestellungen aus?
1. fixe Bestellkosten
2. Lagerhaltungskostensatz
3. Einkaufspreis des Produkts

13.11.5 Aufgabe 5

Der Fleischlieferant hat verdorbene Ware geliefert, unsere Freunde sind verärgert und Achmed hat sich bereit erklärt, nach einem neuen Lieferanten zu suchen. Der Fleischbedarf beläuft sich auf 100 kg pro Monat, der Lagerhaltungskostensatz liegt bei 10%. Lieferant 1 bietet das Fleisch zu 2 EUR pro kg an, pro Lieferung werden 200 EUR berechnet. Lieferant 2 bietet das Fleisch zu 1 EUR pro kg an, berechnet allerdings pro Bestellung 400 EUR. Welchen Lieferanten soll Achmed wählen?

13.12 Aufgaben zu Kapitel 12

13.12.1 Aufgabe 1

Alberto, Laylas Ehemann, ein gebürtiger Italiener, gründet Niederlassungen, um ein Netzwerk von Pizzerien aufzubauen. Er folgt hierbei dem Vorbild der Freunde von ALI.
Das Mehl für seine drei Restaurants in Frankfurt („ITALIA", „ROMA", „BOLOGNA") soll von den Supermärkten „ALDI", „SPAR" und „NORMA" bezogen werden, die restlichen Zutaten aus Feinkostläden.

Die folgende Tabelle gibt die Transportkosten eines Zentners Mehl von einem Supermarkt zu einer Filiale an (in Euro):

	ITALIA	ROMA	BOLOGNA
ALDI	2	4	6
SPAR	9	6	3
NORMA	7	5	8

Der Zentner-Bedarf der einzelnen Filialen ist:

ITALIA	ROMA	BOLOGNA
10	25	30

Die Kapazität von Aldi, Spar und Norma liegt bei jeweils 25 Zentnern.
Formulieren Sie das zugehörige Lineare Programm, das die Kosten minimiert und bestimmen Sie die minimalen Kosten mithilfe des EXCEL-Solvers!

13.12.2 Aufgabe 2

Überprüfen Sie das Ergebnis von Aufgabe 1 mithilfe von LINGO!

13.12.3 Aufgabe 3

Der Bedarf an Mehl im „Roma" wurde unter-, der im „Bologna" überschätzt.
Wie hoch sind die Kosten, wenn folgender Bedarf vorliegt?

ITALIA	ROMA	BOLOGNA
10	31	28

13.12.4 Aufgabe 4

Wie lautet das Optimierungskalkül, wenn jede Pizzeria nur von einem Supermarkt beliefert werden soll?

13.12.5 Aufgabe 5

Wie lautet das Optimierungskalkül, wenn jede Pizzeria ihre Ware von einem anderen Supermarkt beziehen soll, um nicht in Abhängigkeit von einzelnen Anbietern zu geraten?

Kapitel 14

Lösungen

14.1 Lösungen der Aufgaben zu Kapitel 1

14.1.1 Aufgabe 1

Es ergibt sich die folgende Matrix:

	Wirtschaft wächst		Wirtschaft schrumpft	
	Gewinn	Zufriedenheit	Gewinn	Zufriedenheit
Einstellen	6 Mio. EUR	60 Punkte	3 Mio. EUR	50 Punkte
Entlassen	10 Mio. EUR	30 Punkte	7 Mio. EUR	20 Punkte

14.1.2 Aufgabe 2

	Ziel 1	Ziel 2	Ziel 3
Ziel 1	———	komplementär	komplementär
Ziel 2	komplementär	———	indifferent
Ziel 3	komplementär	indifferent	———

Die Beziehung zwischen Ziel 1 und Ziel 2 ist wohl unbestritten, die zwischen Ziel 1 und Ziel 3 sogar trivial (wer Sport treibt, der trifft Sportbegeisterte, und wer Sportbegeisterte trifft, der treibt tendenziell auch mehr Sport, da sie ihn motivieren). Die Beziehung zwischen Ziel 2 und Ziel 3 ist etwas schwieriger: Wer ein hohes Alter erreicht, hat vielleicht eher die Gelegenheit, sportbegeisterte Menschen kennenzulernen, allerdings führt das Kennenlernen Sportbegeisterter keinesfalls direkt dazu, dass Menschen älter werden. Zielbeziehungen müssen aber immer in beiden Richtungen bestehen, daher sind beide Ziele neutral zueinander.

14.2 Lösungen der Aufgaben zu Kapitel 2

14.2.1 Aufgabe 1

Problem:

x_1 : Zahl der Döner Typ „Spezial"

x_2 : Zahl der Döner Typ „Standard"

$\max G = 5x_1 + 4x_2$

s.c.

$3x_1 + 2x_2 \leq 6 \cdot 60 = 360 \Rightarrow x_2 \leq 180 - 1,5x_1$ (Grill)

$1x_1 + 1x_2 \leq 150 \Rightarrow x_2 \leq 150 - x_1$ (Brot)

$0,005x_1 + 0,05x_2 \leq 6 \Rightarrow x_2 \leq 120 - 0,1x_1$ (Gewürze, in kg)

$x_1, x_2 \geq 0$

Zum Einzeichnen wird noch die Isoquante der Gewinnfunktion angegeben, z. B. :

$5x_1 + 4x_2 = 400 \Rightarrow x_2 = 100 - 1,25x_1$

Das System kann nun eingezeichnet werden:

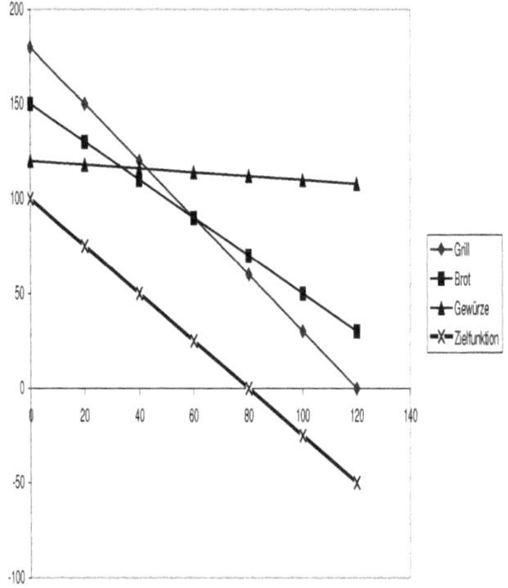

Abbildung~14.1: Restriktionssystem mit Zielfunktion

Ein möglichst weites Verschieben der Zielgeraden nach rechts-oben führt an die Ecke mit den Werten (ca.) $(x_1, x_2) = (57, 92)$.

Zur Probe der Richtigkeit der Lösung können die Werte in die Nebenbedingungen eingesetzt werden: Alle Restriktionen müssen eingehalten werden!

$3x_1 + 2x_2 \leq 360 : 3 \cdot 57 + 2 \cdot 92 = 355 \leq 360$

$1x_1 + 1x_2 \leq 150 : 1 \cdot 57 + 1 \cdot 92 = 149 \leq 150$

$0,005x_1 + 0,05x_2 \leq 6 : 0,005 \cdot 57 + 0,05 \cdot 92 = 4,885 \leq 6$

$x_1, x_2 \geq 0$
Der ermittelte Zielfunktionswert lautet dann: $G = 5 \cdot 57 + 4 \cdot 92 = 653$
Wenn man von Fehlern aufgrund von Zeichnungsungenauigkeit absieht, ist die 1. und 2. Restriktion voll ausgeschöpft.

14.2.2 Aufgabe 2

Das Problem lautet in Tableauform folgendermaßen:

0	Z	x_1	x_2	y_1	y_2	y_3	y_4	RS	Q
	1	-200	-400	0	0	0	0	0	
	0	4	1	1	0	0	0	32	32
	0	1	1	0	1	0	0	11	11
	0	2	7	0	0	1	0	49	7
	0	0	$\boxed{1}$	0	0	0	1	5	5

1	Z	x_1	x_2	y_1	y_2	y_3	y_4	RS	Q
	1	-200	0	0	0	0	400	2000	
	0	4	0	1	0	0	-1	27	$\frac{27}{4}$
	0	$\boxed{1}$	0	0	1	0	-1	6	6
	0	2	0	0	0	1	-7	14	7
	0	0	1	0	0	0	1	5	$n.d.$

2	Z	x_1	x_2	y_1	y_2	y_3	y_4	RS
	1	0	0	0	200	0	200	3200
	0	0	0	1	-4	0	3	3
	0	1	0	0	1	0	-1	6
	0	0	0	0	-2	1	-5	2
	0	0	1	0	0	0	1	5

Lösung: $(x_1, x_2, y_1, y_2, y_3, y_4, Z) = (6; 5; 3; 0; 2; 0; 3200)$

Eingabe in LINGO:

```
max=200*x1+400*x2;
4*x1+x2<=32;
x1+x2<=11;
```

2*x1+7*x2<=49;
x2<=5;

14.2.3 Aufgabe 3

In Tableauform hat das Problem das folgende Aussehen:

0	G	x_1	x_2	y_1	y_2	y_3	RS	Q
	1	−3	−4	0	0	0	0	
	0	1	2	1	0	0	20	10
	0	1	1	0	1	0	10	10
	0	0	$\boxed{1}$	0	0	1	8	8

1	G	x_1	x_2	y_1	y_2	y_3	RS	Q
	1	−3	0	0	0	4	32	
	0	1	0	1	0	−2	4	4
	0	$\boxed{1}$	0	0	1	−1	2	2
	0	0	1	0	0	1	8	*n.d.*

2	G	x_1	x_2	y_1	y_2	y_3	RS
	1	0	0	0	3	1	38
	0	0	0	1	−1	−1	2
	0	1	0	0	1	−1	2
	0	0	1	0	0	1	8

Lösung: $(x_1, x_2, y_1, y_2, y_3, G) = (2; 8; 2; 0; 0; 38)$
Eingabe in LINGO:
max=3*x1+4*x2;
x1+2*x2<=20;
x1+x2<=10;
x2<=8;

14.2.4 Aufgabe 4

Die Lösung des Problems ergibt sich auf folgendem Weg:

0	x_1	x_2	RS	Q
U	-30	-20	0	
y_1	$\boxed{\mathbf{2}}$	1	6	3
y_2	5	3	20	4

1	y_1	x_2	RS	Q
U	15	-5	90	
x_1	$\frac{1}{2}$	$\boxed{\mathbf{\frac{1}{2}}}$	3	6
y_2	$-\frac{5}{2}$	$\frac{1}{2}$	5	10

2	y_1	x_1	RS
U	20	10	120
x_2	1	2	6
y_2	-3	-1	2

Lösung: $(x_1, x_2, y_1, y_2, U) = (0; 6; 0; 2; 120)$
Formulierung in LINGO:
max=30*x+20*y;
2*x+y<=6;
5*x+3*y<=20;

14.2.5 Aufgabe 5

Zur Lösung gelangt man folgendermaßen:

0	x_1	x_2	RS	Q
G	-1	$-0,8$	0	
y_1	$\boxed{5}$	2	50	10
y_2	0	1	8	$n.d.$

1	y_1	x_2	RS	Q
G	0,2	−0,4	10	
x_1	0,2	0,4	10	25
y_2	0	$\boxed{1}$	8	8

2	y_1	y_2	RS
G	0,2	0,4	13,2
x_1	0,2	−0,4	6,8
x_2	0	1	8

Lösung: $(x_1, x_2, y_1, y_2, G) = (6,8; 8; 0; 0; 13,2)$

Formulierung in LINGO:

```
max=x1+0.8*x2;
5*x1+2*x2<=50;
x2<=8;
```

14.2.6 Aufgabe 6

Folgende Iterationen führen zur Lösung:

0	X_1	X_2	RS	Q
G	−300	−600	0	
X_3	1	2	170	85
X_4	1	1	150	150
X_5	0	$\boxed{3}$	180	60

1	X_1	X_5	RS	Q
G	-300	200	36000	
X_3	**1**	$-\frac{2}{3}$	50	50
X_4	1	$-\frac{1}{3}$	90	90
X_2	0	$\frac{1}{3}$	60	$n.d.$

2	X_3	X_5	RS	Q
G	300	0	51000	
X_1	1	$-\frac{2}{3}$	50	-75
X_4	-1	$\boxed{\mathbf{\frac{1}{3}}}$	40	120
X_2	0	$\frac{1}{3}$	60	180

Lösung: $(X_1, X_2, X_3, X_4, X_5, G) = (50; 60; 0; 40; 0; 51000)$

Die optimale Lösung wurde erreicht, da keine weiteren negativen Koeffizienten in der Zielfunktion vorhanden sind. Ein zielwertneutraler Basistausch ist allerdings möglich, da ein Wert 0 in der Zielfunktionszeile vorhanden ist.

3	X_3	X_4	RS
G	300	0	51000
X_1	-1	2	130
X_5	-3	3	120
X_2	1	-1	20

Lösung: $(X_1, X_2, X_3, X_4, X_5, G) = (130, 20, 0, 0, 120, 51000)$

Formulierung in LINGO:

max=300*X1+600*X2;

X1+2*X2<=170;

X1+X2<=150;

3*X2<=180;

14.2.7 Aufgabe 7

Das Problem wird möglichst ausführlich gelöst. Das Ausgangstableau ist das folgende:

0	x_1	x_2	RS
U	-3	$-2,5$	0
y_1	1	$0,5$	4
y_2	1	1	6

Auswahl der Pivotspalte:
Negatives Element der Zielfunktion U, das am kleinsten ist (betragsmäßig am größten).
$-3 < -2,5$
Auswahl der Pivotzeile:
Rechte Seite durch Element in Pivotspalte teilen ($\rightarrow Q$).
Kleinster Quotient $\rightarrow$Pivotzeile

0	x_1	x_2	RS	Q
U	-3	$-2,5$	0	
y_1	$\boxed{1}$	$0,5$	4	$\frac{4}{1} = 4$
y_2	1	1	6	$\frac{6}{1} = 6$

$4 < 6 \Rightarrow y_1$-Zeile ist Pivotzeile, 1 ist Pivotelement (fett)
Neues Tableau aufstellen:

- Setze Zähler von 0 auf 1.
- Vertausche Beschriftung von Pivotspalte und Pivotzeile.

1	y_1	x_2	RS	Q
U				
x_1				
y_2				

- Pivotoperationen:

– aus dem Pivotelement wird $\frac{1}{\text{Pivotelement}}$:

1	y_1	x_2	RS	Q
U				
x_1	$\frac{1}{1}$			
y_2				

– aus dem Rest der Pivotzeile wird $\frac{\text{Alte Pivotzeile}}{\text{Altes Pivotelement}}$:

1	y_1	x_2	RS	Q
U				
x_1	$\frac{1}{1} = 1$	$\frac{0,5}{1} = 0,5$	$\frac{4}{1} = 4$	
y_2				

– aus der Pivotspalte wird $-\frac{\text{Alte Pivotspalte}}{\text{Altes Pivotelement}}$:

1	y_1	x_2	RS	Q
U	$\frac{-3}{-1} = 3$			
x_1	1	$\frac{0,5}{1}$	$\frac{4}{1}$	
y_2	$\frac{1}{-1} = -1$			

– Rest nach Z - Regel:

Neues Element

= Altes Element

$-\frac{\text{Element aus Pivotzeile, aber Spalte des Elements * Element aus Pivotspalte, aber Zeile des Pivotelements}}{\text{Altes Pivotelement}}$

1	y_1	x_2	RS	Q
U	3	$-2,5 - \frac{-3 \cdot 0,5}{1}$	$0 - \frac{4 \cdot (-3)}{1} = 12$	
x_1	1	$0,5$	4	
y_2	-1	$1 - \frac{1 \cdot 0,5}{1} = 0,5$	$6 - \frac{4 \cdot 1}{1} = 2$	

– kurz:

1	y_1	x_2	RS	Q
U	3	-1	12	
x_1	1	$0,5$	4	$\frac{4}{0,5} = 8$
y_2	-1	$\boxed{\mathbf{0,5}}$	2	$\frac{2}{0,5} = 4$

- Die erste Iteration ist hiermit beendet, die optimale Lösung wurde noch nicht erreicht, da noch negative Koeffizienten in der Zielfunktion auftreten.

  Daher wieder:

  – Pivotspalte: betragsmäßig größtes, negatives Element: -1
  – Pivotzeile: kleinster Quotient= 4, daher y_2.
  – weiteres Vorgehen:
  – Zähler um 1 erhöhen.
  – Beschriftung von Pivotzeile und -spalte tauschen.
  – Behandlung von Pivotelement, Pivotzeile und -spalte.

2	y_1	y_2	RS
U		$\frac{-1}{-0,5} = 2$	
x_1		$\frac{0,5}{-0,5} = -1$	
x_2	$-\frac{1}{0,5} = -2$	$\frac{1}{0,5} = 2$	$\frac{2}{0,5} = 4$

  – Rest nach Z - Regel berechnen:

2	y_1	y_2	RS
U	$3 - \frac{(-1)\cdot(-1)}{0,5} = 1$	$\frac{-1}{-0,5} = 2$	$12 - \frac{(-1)\cdot 2}{0,5} = 16$
x_1	$1 - \frac{(-1)\cdot 0,5}{0,5} = 2$	$\frac{0,5}{-0,5} = -1$	$4 - \frac{0,5\cdot 2}{0,5} = 2$
x_2	$-\frac{1}{0,5} = -2$	$\frac{1}{0,5} = 2$	$\frac{2}{0,5} = 4$

  – oder in kurzer Darstellung:

2	y_1	y_2	RS
U	1	2	16
x_1	2	−1	2
x_2	−2	2	4

- Es sind keine negativen Elemente mehr in der Ziefunktion enthalten, das Verfahren ist beendet.
- Die Basislösung kann direkt abgelesen werden: $(x_1, x_2, y_1, y_2, U) = (2, 4, 0, 0, 16)$

14.3 Lösung der Aufgaben zu Kapitel 3

14.3.1 Aufgabe 1

Das Problem lautet:
$max.\, Z = x + 1,5 \cdot y$
$s.c.$
$x + 2 \cdot y \geq 5$
$x + y \leq 10$
Aus $x + 2 \cdot y \geq 5$ wird $-x - 2 \cdot y \leq 5$.
Die Überführung in das Simplex-Tableau ergibt:

0	x	y	RS
Z	−1	−1,5	0
y_1	−1	**−2**	−5
y_2	1	1	10

Zur Einhaltung der Nicht-Negativitäts-Bedingung wird die 2. Zeile Pivotzeile und das kleinste Element (-2) Pivotelement.
Die üblichen Simplex-Rechnungen ergeben:

1	x	y_1	RS	Q
Z	−0,25	−0,75	3,75	
y	0,5	−0,5	2,5	< 0
y_2	0,5	**0,5**	7,5	15

Nun liegt wieder der Grundfall des Simplex-Algorithmus vor, die Zeilen- und Spaltenauswahl liefert '0, 5' als Pivotelement. Die bekannten Umformungen ergeben dann:

2	x	y_2	RS
Z	0,5	1,5	15
y	1	1	10
y_1	1	2	15

Die optimale Basislösung lautet somit:
$(x; y; y_1; y_2; Z) = (0; 10; 15; 0; 15)$

14.3.2 Aufgabe 2

Das Problem lautet:
$max.Z = x + 1,5 \cdot y$
$s.c.$
$x + 2 \cdot y \leq 15$
$x + 3 \cdot y = 20$
Aus $x + 3 \cdot y = 20$ wird $x + 3 \cdot y + \widetilde{y}_2 = 20$, wobei $\widetilde{y}_2 = 0$.
Die Überführung in das Simplex-Tableau ergibt:

0	x	y	RS
Z	-1	$-1,5$	0
y_1	1	2	15
$\widetilde{y}_2$	1	$\boxed{3}$	20

Da lt. Definition $\widetilde{y}_2 = 0$, wird diese Zeile Pivotzeile, die y-Spalte wird Pivotspalte, denn ein Vergleich der Koeffizienten liefert: $3 > 1$.
Es ergibt sich somit:

1	x	$\widetilde{y}_2$	RS
Z	$-\frac{1}{2}$	$\frac{1}{2}$	10
y_1	$\frac{1}{3}$	$-\frac{2}{3}$	$\frac{5}{3}$
y	$\frac{1}{3}$	$\frac{1}{3}$	$\frac{20}{3}$

Die $\widetilde{y}_2$-Spalte wird nun gestrichen, was zu folgendem Tableau führt:

1	x	RS	Q
Z	$-\frac{1}{2}$	10	
y_1	$\boxed{\frac{1}{3}}$	$\frac{5}{3}$	5
y	$\frac{1}{3}$	$\frac{20}{3}$	20

Nun liegt wieder ein Problem in der Form vor, wie wir es kennen. Die x-Spalte wird Pivotspalte, die 2. Zeile Pivotzeile. Dies führt zu:

2	y_1	RS
Z	$\frac{3}{2}$	$\frac{25}{2}$
x	3	5
y	-1	5

Die optimale Basislösung lautet somit:
$(x; y; y_1; \widetilde{y}_2; Z) = (5; 5; 0; 0; 12,5)$

14.3.3 Aufgabe 3

Das Problem lautet:
$max.Z = x + 1,5 \cdot y$
$s.c.$
$x + 2 \cdot y \geq 15$
$x + y = 10$
$x + 3 \cdot y \leq 20$
Aus $x + y = 10$ wird $x + y + \widetilde{y}_2 = 10$, wobei $\widetilde{y}_2 = 0$,
aus $x + 2 \cdot y \geq 15$ wird $-x - 2 \cdot y \leq -15$.
Es kann nun das Tableau aufgestellt werden:

0	x	y	RS
Z	-1	$-1,5$	0
y_1	-1	-2	-15
$\widetilde{y}_2$	1	$\boxed{1}$	10
y_3	1	3	20

Wieder wird in einem ersten Schritt die künstliche Basisvariable entfernt. Willkürlich wird eine der beiden 1 der Pivotzeile ($\widetilde{y}_2$) als Pivotelement ausgewählt:

1	x	$\widetilde{y}_2$	RS
Z	0,5	1,5	15
y_1	1	2	5
y	1	1	10
y_3	−2	−3	−10

Die Spalte mit der künstlichen Basisvariablen kann nun gestrichen werden:

1	x	RS
Z	0,5	15
y_1	1	5
y	1	10
y_3	**−2**	−10

Die letzte Zeile ist noch unzulässig ($y_2 = -10 < 0$). Eine weitere Pivotierung ergibt:

2	y_3	RS
Z	0,25	12,5
y_1	0,5	0
y	0,5	5
x	−0,5	5

Die Lösung ist nun zulässig (da keine Variable die Nicht-Negativitätsbedingung verletzt) und optimal (da kein Element in der Zielfunktion mehr negativ). Somit kann die Basislösung direkt abgelesen werden:
$(x; y; y_1; \widetilde{y}_2; y_3; Z) = (5; 5; 0; 0; 0; 12,5)$

14.3.4 Aufgabe 4

Das Problem lautet:
$min.Z = x + 1,5 \cdot y$

$s.c.$
$x + 2 \cdot y \geq 15$
$x + y \leq 10$
$x + 3 \cdot y \geq 20$
Es kann das Tableau aufgestellt werden:

0	x	y	RS
$-Z$	1	1,5	0
y_1	-1	-2	-15
y_2	1	1	10
y_3	-1	$\boxed{\mathbf{-3}}$	-20

Zuerst müssen die negativen Basisvariablen behandelt werden: $\min\{-15; -20\} = -20$.
Als Pivotelement wird ebenfalls das kleinste Element gewählt: $\min\{-1; -3\} = -3$.

1	x	y_3	RS
$-Z$	0,5	0,5	-10
y_1	$-\frac{1}{3}$	$\boxed{-\mathbf{\frac{2}{3}}}$	$-\frac{5}{3}$
y_2	$\frac{2}{3}$	$\frac{1}{3}$	$\frac{10}{3}$
y	$\frac{1}{3}$	$-\frac{1}{3}$	$\frac{20}{3}$

Die erste Restriktion (2. Zeile des Tableaus) ist noch unzulässig.
Die Pivotspalte ergibt sich durch: $\min\left\{-\frac{1}{3}; -\frac{2}{3}\right\} = -\frac{2}{3}$
Somit erhalten wir als Lösungstableau:

2	x	y_1	RS
$-Z$	0,25	0,75	$-11,25$
y_3	0,5	$-1,5$	2,5
y_2	0,5	0,5	2,5
y	0,5	$-0,5$	7,5

Die Basislösung kann nun direkt abgelesen werden:
$(x; y; y_1; y_2; y_3; Z) = (0; 7,5; 0; 2,5; 2,5; 11,25)$

14.3.5 Aufgabe 5

$min.Z = x + 1,5 \cdot y$

$s.c.$

$x + 2 \cdot y \leq 15$

$x + y = 10$

$x + 3 \cdot y = 20$

In Tableauform hat dieses Problem die folgende Gestalt:

0	x	y	RS
$-Z$	1	1,5	0
y_1	1	2	15
$\widetilde{y}_2$	1	$\boxed{1}$	10
$\widetilde{y}_3$	1	3	20

Aus min $\{10; 20\} = 10$ ergibt sich $\widetilde{y}_2$ als Pivotzeile. min $\{1; 1\} = 1$ zeigt, dass es egal ist, welches der beiden potentiellen Pivotelemente tatsächlich verwendet wird. Eine beliebige Auswahl der 2. Spalte liefert:

1	x	$\widetilde{y}_2$	RS
$-Z$	$-0,5$	$-1,5$	-15
y_1	-1	-2	-5
y	1	1	10
$\widetilde{y}_3$	-2	-3	-10

Das Streichen der Spalte der künstlichen Basisvariablen liefert:

1	x	RS
$-Z$	$-0,5$	-15
y_1	-1	-5
y	1	10
$\widetilde{y}_3$	$\boxed{\mathbf{-2}}$	-10

Da noch eine weitere künstliche Basisvariable existiert, ist die Auswahl des Pivotelements schnell vollzogen. Das Lösungstableau ergibt sich wie folgt:

2	$\widetilde{y}_3$	RS
$-Z$	$-0,25$	$-12,5$
y_1	$-0,5$	0
y	$0,5$	5
x	$-0,5$	5

Die Streichung der Spalte der künstlichen Basisvariablen ergibt nun:

2	RS
$-Z$	$-12,5$
y_1	0
y	5
x	5

Die Lösung lautet:
$(x; y; y_1; \widetilde{y}_2; \widetilde{y}_3; Z) = (5; 5; 0; 0; 0; 12,5)$

14.3.6 Aufgabe 6

Das Problem lautet:
$min.Z = 2 \cdot x + 1.5 \cdot y$
$x + 2 \cdot y \leq 15$
$x + y = 10$
$2 \cdot x + y \geq 15$
Das zugehörige Tableau hat folgendes Aussehen:

0	x	y	RS
$-Z$	2	1,5	0
y_1	1	2	15
$\widetilde{y}_2$	$\boxed{1}$	1	10
y_3	-2	-1	-15

In einem ersten Schritt wird die künstliche Basisvariable eliminiert. Da $\min\{1; 1\} = 1$, kann eine beliebige Spalte gewählt werden. Es ergibt sich:

1	$\widetilde{y}_2$	y	RS	Q
$-Z$	-2	$-0,5$	-20	
y_1	-1	$\boxed{1}$	5	5
x	1	1	10	10
y_3	2	1	5	5

Nach der Eliminierung der künstlichen Basisvariablen darf diese Spalte nicht aus dem Tableau entfernt werden, da sie noch für weitere Analysen benötigt wird (s. Aufgabenstellung). Somit wird die y-Spalte Pivotspalte. Als Zeile kann beliebig zwischen y_1 und y_3 gewählt werden. Ein zufälliges Wählen von y_1 liefert:

2	$\widetilde{y}_2$	y_1	RS
$-Z$	$-2,5$	$0,5$	$-17,5$
y	-1	1	5
x	2	-1	5
y_3	3	-1	0

Die Lösung ist zulässig, da keine Variable die Nicht-Negativitätsbedingung verletzt. Die einzige Spalte mit einem negativen Koeffizienten in der Zielfunktionszeile ist die von $\widetilde{y}_2$. Aus dieser Spalte darf allerdings kein Pivotelement mehr gewählt werden, weshalb die Lösung auch optimal ist. Die Basislösung lautet:
$(x; y; y_1; \widetilde{y}_2; y_3; Z) = (5; 5; 0; 0; 0; 17,5)$
Wählen wir im 2. Tableau das andere Pivotelement:

1	$\widetilde{y}_2$	y	RS	Q
$-Z$	-2	$-0,5$	-20	
y_1	-1	1	5	5
x	1	1	10	10
y_3	2	$\boxed{1}$	5	5

Somit ergibt sich:

2	$\widetilde{y}_2$	y_3	RS
$-Z$	-1	$0,5$	$-17,5$
y_1	1	-1	0
x	-1	-1	5
y	2	1	5

Diese Lösung ist vom Zielwert her die gleiche wie die erste. Die Entartung führt also wirklich zum identischen Zielfunktionswert.

14.3.7 Aufgabe 7

Das Problem lautet:
$min.Z = x + 1,5 \cdot y$
$x + 2 \cdot y \geq 15$
$x + y = 10$
$x + 3 \cdot y \geq 20$
In Tableauform sieht es folgendermaßen aus:

0	x	y	RS
$-Z$	1	$1,5$	0
y_1	-1	-2	-15
$\widetilde{y}_2$	1	$\boxed{1}$	10
y_3	-1	-3	-20

Nun wird die künstliche Basisvariable entfernt, Pivotzeile ist also $\widetilde{y}_2$. Als Pivotelement muss nun das kleinste Element dieser Zeile gewählt werden. Da die potentiellen Elemente identisch sind, kann eines beliebig ausgewählt werden. Es ergibt sich:

1	x	$\widetilde{y}_2$	RS
$-Z$	$-0,5$	$-1,5$	-15
y_1	1	2	5
y	1	1	10
y_3	2	3	10

Die Spalte mit der künstlichen Basisvariablen kann nun eleminiert werden. Es ergibt sich:

1	x	RS	Q
$-Z$	$-0,5$	-15	
y_1	**[1]**	5	5
y	1	10	10
y_3	2	10	5

Das End-Tableau hat nach einer weiteren Iteration folgendes Aussehen:

2	y_1	RS
$-Z$	$0,5$	$-12,5$
x	1	5
y	-1	5
y_3	-2	0

Alle Elemente der Pivotzeile sind nicht-negativ, die optimale Basislösung ist somit erreicht. Sie lautet:

$(x; y; y_1; \widetilde{y}_2; y_3; Z) = (5; 5; 0; 0; 0; 12,5)$

Berechnen wir zur Übung die Basislösung, indem wir den anderen potentiellen Kandidaten als Pivotelement wählen. Das Ausgangstableau ist also wie vorher:

0	x	y	RS
$-Z$	1	$1,5$	0
y_1	-1	-2	-15
$\widetilde{y}_2$	**[1]**	1	10
y_3	-1	-3	-20

Die Durchführung der bekannten Operationen liefert:

1	$\widetilde{y}_2$	y	RS
$-Z$	-1	$0,5$	-10
y_1	1	-1	-5
x	1	1	10
y_3	1	-2	-10

Eine Streichung der Spalte mit der künstlichen Basisvariablen liefert:

1	y	RS
$-Z$	$0,5$	-10
y_1	-1	-5
x	1	10
y_3	**−2**	-10

Die Spalten y_1 und y_3 sind unzulässig, da sie die Nicht-Negativitätsbedingung verletzen. Der Vergleich der rechten Seiten, $\min\{-5;-10\} = -10$, führt zur Auswahl des Pivotelements:

2	y_3	RS
$-Z$	$0,25$	$-12,5$
y_1	$-0,5$	0
x	$0,5$	5
y	$-0,5$	5

→

2	y_3	RS
Z	$-0,25$	$12,5$
y_1	$-0,5$	0
x	$0,5$	5
y	$-0,5$	5

Alle Elemente der Pivotzeile sind nicht-negativ, die optimale Basislösung ist somit erreicht. Sie lautet:

$(x; y; y_1; \widetilde{y}_2; y_3; Z) = (5; 5; 0; 0; 0; 12,5)$

Sie ist identisch mit der vorher errechneten Lösung.

14.3.8 Aufgabe 8

$\max.\ G = x + y + z$

$s.c.$

$x + 2y \leq 20$

$3x + 2z \leq 30$

Das Ausgangstableau lautet somit:

0	x	y	z	RS	Q
G	-1	-1	-1	0	
y_1	1	2	0	20	20
y_2	**3**	0	2	30	10

Als Pivotspalte wird (aufgrund der Entartung) beliebig die erste ausgewählt.

1	y_2	y	z	RS	Q
G	$\frac{1}{3}$	-1	$-\frac{1}{3}$	10	
y_1	$-\frac{1}{3}$	**2**	$-\frac{2}{3}$	10	5
x	$\frac{1}{3}$	0	$\frac{2}{3}$	10	n. d.

2	y_2	y_1	z	RS	Q
G	$\frac{1}{6}$	$\frac{1}{2}$	$-\frac{2}{3}$	15	
y	$-\frac{1}{6}$	$\frac{1}{2}$	$-\frac{1}{3}$	5	< 0
x	$\frac{1}{3}$	0	$\mathbf{\frac{2}{3}}$	10	15

3	y_2	y_1	x	RS
G	$\frac{1}{2}$	$\frac{1}{2}$	1	25
y	0	$\frac{1}{2}$	$\frac{1}{2}$	10
z	$\frac{1}{2}$	0	$1,5$	15

Die Basislösung lautet somit:

$(x, y, z, y_1, y_2, G) = (0, 10, 15, 0, 0, 0, 25)$

14.3.9 Aufgabe 9

Wenn alle Nebenbedingungen $\leq$-Restriktionen sind, ist eine zulässige Lösung erreicht. Bei einem Minimierungsproblem stehen nach Umwandlung von Z in $-Z$ ausschließlich positive Koeffizienten in der Zielfunktion. Somit liegt eine opt:imale Lösung vor. Wenn die Ausgangslösung aber optimal ist, so sind alle Variablen und der Zielfunktionswert= 0.

Betrachten wir hierzu das folgende Beispiel:

$\min K = x + 2 \cdot y$

s.c.

$x + y \leq 20$

$2 \cdot x + 3 \cdot y \leq 40$

Das zugehörige Tableau ist das folgende:

0	x	y	RS
$-K$	1	2	0
y_1	1	2	20
y_2	2	1	40

Es liegt keine künstliche Basisvariable vor, die Nicht-Negativitätsbedingung wird auch nicht verletzt. Somit ist die Lösung zulässig und kann direkt abgelesen werden: $(x; y; y_1; y_2; Z) = (0; 0; 20; 40; 0)$. Das globale Minimum liegt aber bei $x = y = K = -\infty$. Der Simplex-Algorithmus setzt folglich Nicht-Negativität voraus.

14.4 Lösungen der Aufgaben zu Kapitel 4

14.4.1 Aufgabe 1

Das optimale Tableau hat folgendes Aussehen:

2	Z	x_1	x_2	y_1	y_2	y_3	y_4	RS
	1	0	0	0	200	0	200	3200
	0	0	0	1	-4	0	3	3
	0	1	0	0	1	0	-1	6
	0	0	0	0	-2	1	-5	2
	0	0	1	0	0	0	1	5

Das Simplex-Tableau ist daher das folgende:

2	Z	x_1	x_2	y_1	y_2	y_3	y_4	RS
	1	6	5	0	0	0	0	
	0	0	0	0	0	0	0	0
	0	−1200	−1000	0	0	0	0	200
	0	0	0	0	0	0	0	0
	0	−1200	−1000	0	0	0	0	200

bzw.

2^*	x_1	x_2	RS
Z	6	5	
y_1	0	0	0
y_2	−1200	−1000	200
y_3	0	0	0
y_4	−1200	−1000	200

14.4.2 Aufgabe 2

Das optimale Tableau hat folgendes Aussehen:

2	G	x_1	x_2	y_1	y_2	y_3	RS
	1	0	0	0	3	1	38
	0	0	0	1	−1	−3	2
	0	1	0	0	1	−1	2
	0	0	1	0	0	1	8

Das zugehörige verkürzte Tableau ist:

2	y_2	y_3	RS
G	3	1	38
y_1	-1	-3	2
x_1	1	-1	2
x_2	0	1	8

Da $y_1 = 2$, ist die Nebenbedingung nicht voll ausgeschöpft. Eine weitere Erhöhung der zugehörigen rechten Seite führt also zu keiner Erhöhung des Zielfunktionswertes. Die Sensitivität der rechten Seite der ersten Nebenbedingung ist also gleich 0.

Das Sensitivitäts-Tableau ist daher das folgende:

2^*	x_1	x_2	RS
G	2	8	
y_1	0	0	0
y_2	-6	-24	3
y_3	-2	-16	1

Im langen Tableau sieht es folgendermaßen aus:

2^*	x_1	x_2	y_1	y_2	y_3	RS
	2	8	0	0	0	
	0	0	0	0	0	0
	-16	-64	0	0	0	3
	-6	-24	0	0	0	1

14.4.3 Aufgabe 3

Das optimale Tableau hat folgendes Aussehen:

1	y_1	x_1	RS
U	20	10	120
x_2	1	2	6
y_2	-3	1	2

Das Sensitivitäts-Tableau ist daher das folgende:

1^*	x_1	x_2	RS
U	0	6	
y_1	0	-120	20
y_2	0	0	0

Hinweise:

- Da in der 2. Restriktion noch freie Kapazitäten vorliegen, hat eine weitere Erhöhung der Kapazität keine Auswirkung auf den Zielfunktionswert.
- Da $x_1 = 0$, hat eine Erhöhung des entsprechenden Koeffizienten in der Zielfunktion keine Auswirkungen auf den Zielfunktionswert.

14.4.4 Aufgabe 4

Das Programm, das in Aufgabe 2 untersucht wurde, lautet:

max. $G = 200x_1 + 400x_2$

s.c.

$4x_1 + x_2 \leq 32$

$x_1 + x_2 \leq 11$

$2x_1 + 7x_2 \leq 49$

$x_2 \leq 5$

Aus LINGO lässt sich der folgende Teil des Sensitivitäts-Tableaus entnehmen:

	x_1	x_2	RS
G	6	5	
y_1			0
y_2			200
y_3			0
y_4			200

Dies lässt sich mit unserem Wissen nun vervollständigen zu:

	x_1	x_2	RS
G	6	5	
y_1	0	0	0
y_2	−1200	−1000	200
y_3	0	0	0
y_4	−1200	−1000	200

Das Ergebnis von Aufgabe 2 ist also korrekt.

14.4.5 Aufgabe 5

Das Programm, das in Aufgabe 3 untersucht wurde, lautet:
max. $G = 3x_1 + 4x_2$
$s.c.$
$x_1 + 2x_2 \leq 12$
$x_1 + x_2 \leq 10$
$x_2 \leq 8$
Aus LINGO lässt sich der folgende Teil des Sensitivitäts-Tableaus entnehmen:

	x_1	x_2	RS
G	8	2	
			1
			2
			0

Dies lässt sich mit unserem Wissen nun vervollständigen zu:

	x_1	x_2	RS
G	8	2	
y_1	-8	-2	1
y_2	-16	-4	2
y_3	0	0	0

14.5 Lösungen der Aufgaben zu Kapitel 5

14.5.1 Aufgabe 1

min . $Z = 2x^2 + 3xy + y^2$

$s.c.\ 3x + y = 5$

$\mathfrak{L} = 2x^2 + 3xy + y^2 + \lambda(5 - 3x - y)$

$\frac{\partial \mathfrak{L}}{\partial x} = 4x + 3y - 3\lambda = 0 \Rightarrow 4x + 3y = 3\lambda\ (I)$

$\frac{\partial \mathfrak{L}}{\partial y} = 3x + 2y - \lambda = 0 \Rightarrow 3x + 2y = \lambda\ (II)$

$\frac{\partial \mathfrak{L}}{\partial \lambda} = 5 - 3x - y = 0\ (III)$

$\frac{(I)}{(II)} \Rightarrow \frac{4x+3y}{3x+2y} = 3 \Rightarrow 4x + 3y = 9x + 6y$

$\Rightarrow 5x = -3y \Rightarrow x = -\frac{3}{5}y\ (IV)$

(IV) in (III)

$\Rightarrow 5 - 3 \cdot \left(-\frac{3}{5}y\right) - y = 0$

$\Rightarrow 5 + \frac{4}{5}y = 0 \Rightarrow y = -6,25$ in (IV)

$\Rightarrow x = 3,75$

$\Rightarrow Z = -3,125$

Maximum oder Minimum? Stellen wir die Hesse-Matrix auf:

$\frac{\partial^2 \mathfrak{L}}{\partial x^2} = 4$

$\frac{\partial^2 \mathfrak{L}}{\partial y^2} = 2$

$\frac{\partial^2 \mathfrak{L}}{\partial x \partial y} = \frac{\partial^2 \mathfrak{L}}{\partial y \partial x} = 3$

$\frac{\partial^2 \mathfrak{L}}{\partial \lambda \partial x} = -3$

$\frac{\partial^2 \mathfrak{L}}{\partial \lambda \partial y} = -1$

$$H = \begin{pmatrix} 0 & -3 & -1 \\ -3 & 4 & 3 \\ -1 & 3 & 2 \end{pmatrix}$$

$2m + 1 = 3$

$|H_3| = 0 + 9 + 9 - 4 - 0 - 18 = -4$

Minimum, wenn Vorzeichen identisch mit dem von $(-1)^m = -1 < 0$.

Maximum, wenn Vorzeichen identisch mit dem von $(-1)^n = 1 > 0$.

Es liegt also ein Minimum vor.

14.5.2 Aufgabe 2

$\min. \; K = (x - y)^2$

$s.c. \; x + y = 5$

$\mathfrak{L} = (x - y)^2 + \lambda (5 - x - y)$

$\frac{\partial \mathfrak{L}}{\partial x} = 2(x - y) - \lambda = 0 \Rightarrow 2(x - y) = \lambda \; (I)$

$\frac{\partial \mathfrak{L}}{\partial y} = 2(x - y) \cdot (-1) - \lambda = 0 \Rightarrow -2(x - y) = \lambda \; (II)$

$\frac{\partial \mathfrak{L}}{\partial \lambda} = 5 - x - y = 0 \; (III)$

(I) in (II)

$2(x - y) = -2(x - y)$

$\Rightarrow x - y = -x + y$

$\Rightarrow 2x = 2y$

$\Rightarrow x = y \; (IV)$

(IV) in (III)

$5 - x - x = 0 \Rightarrow 5 - 2x = 0$

$\Rightarrow x = 2,5$ in (IV)

$\Rightarrow y = 2,5$

$\Rightarrow K = 0$

Maximum oder Minimum?

$\frac{\partial^2 \mathfrak{L}}{\partial x^2} = 2$

$\frac{\partial^2 \mathfrak{L}}{\partial y^2} = 2$

$\frac{\partial^2 \mathfrak{L}}{\partial x \partial y} = \frac{\partial^2 \mathfrak{L}}{\partial y \partial x} = -2$

$\frac{\partial^2 \mathfrak{L}}{\partial \lambda \partial x} = -1$

$\frac{\partial^2 \mathfrak{L}}{\partial \lambda \partial y} = -1$

Die Hesse Matrix ist somit:

$$H = \begin{pmatrix} 0 & -1 & -1 \\ -1 & 2 & -2 \\ -1 & -2 & 2 \end{pmatrix}$$

Minimum, wenn Vorzeichen identisch mit dem von $(-1)^m = -1 < 0$.

Maximum, wenn Vorzeichen identisch mit dem von $(-1)^n = 1 > 0$.

$2m + 1 = 3$

$|H_3| = 0 - 2 - 2 - 2 - 0 + 2 = -6 < 0$

Es liegt also ein Minimum vor.

14.5.3 Aufgabe 3

Zu bestimmen ist das maximale Volumen eines Quaders mit einer Oberfläche von $600cm^2$.
Bezeichnet
$x = Länge,$
$y = Breite,$
$z = Tiefe,$
dann ist das Volumen gegeben durch
$V = xyz$
und die Oberfläche durch
$2xy + 2xz + 2yz = 600$ bzw.
$xy + xz + yz = 300.$
Somit ergibt sich der folgende Ansatz:
$\min.\, V = x \cdot y \cdot z$
$s.c. \, xy + xz + yz = 300$
$\mathfrak{L} = xyz + \lambda \cdot (300 - xy - xz - yz)$
$\frac{\partial \mathfrak{L}}{\partial x} = yz - \lambda \cdot (y + z) = 0 \Rightarrow yz = \lambda \cdot (y + z) \; (I)$
$\frac{\partial \mathfrak{L}}{\partial y} = xz - \lambda \cdot (x + z) = 0 \Rightarrow xz = \lambda \cdot (x + z) \; (II)$
$\frac{\partial \mathfrak{L}}{\partial z} = xy - \lambda \cdot (x + y) = 0 \Rightarrow xy = \lambda \cdot (x + y) \; (III)$
$\frac{\partial \mathfrak{L}}{\partial \lambda} = 300 - xy - xz - yz = 0 \; (IV)$
$\frac{(I)}{(II)} \Rightarrow \frac{yz}{xz} = \frac{\lambda \cdot (y+z)}{\lambda \cdot (x+z)}$
$\Rightarrow \frac{y}{x} = \frac{y+z}{x+z}$
$\Rightarrow xy + yz = xy + xz$
$\Rightarrow yz = xz$
$\Rightarrow x = y \; (I^*)$
$\frac{(I)}{(III)} \Rightarrow \frac{yz}{xy} = \frac{\lambda \cdot (y+z)}{\lambda \cdot (x+y)}$
$\Rightarrow \frac{z}{x} = \frac{y+z}{x+y}$
$\Rightarrow xz + yz = xy + xz$
$\Rightarrow yz = xy$
$\Rightarrow x = z \; (II^*)$
(I^*), (II^*) in (IV) einsetzen:
$300 - x^2 - x^2 - x^2 = 0$
$\Rightarrow 300 = 3x^2$
$\Rightarrow 100 = x^2$
$\Rightarrow x_{1,2} = \pm 10$
Da Streckenlängen immer positiv sind, wird nur der positive Wert von x betrachtet. Somit gilt:
$x = 10 \; [cm]$
Aus (I^*) folgt nun $y = 10 \; [cm]$ und
aus (II^*) $z = 10 \; [cm]$
Das Volumen ist somit

$V = 10\ [cm] \cdot 10\ [cm] \cdot 10\ [cm] = 1000\ [cm^3]$.

Alle Strecken sind gleich lang, der Quader ist ein Würfel!

Eingabe in LINGO:

max=x*y*z;

2*x*y+2*x*z+2*y*z=600;

14.5.4 Aufgabe 4

$\max.\ Z = x^3y^2z$

$s.c.\ x + y^2 + z^3 = 100$

$\mathfrak{L} = x^3y^2z + \lambda\left(100 - x - y^2 - z^3\right)$

$\frac{\partial\mathfrak{L}}{\partial x} = 3x^2y^2z - \lambda = 0 \Rightarrow 3x^2y^2z = \lambda\ (I)$

$\frac{\partial\mathfrak{L}}{\partial y} = 2x^3yz - 2\lambda y = 0 \Rightarrow x^3z = \lambda\ (II)$

$\frac{\partial\mathfrak{L}}{\partial z} = x^3y^2 - 3\lambda z^2 = 0 \Rightarrow x^3y^2 = 3\lambda z^2\ (III)$

$\frac{\partial\mathfrak{L}}{\partial\lambda} = 100 - x - y^2 - z^3 = 0\ (IV)$

$\frac{(I)}{(II)} \Rightarrow \frac{3x^2y^2z}{x^3z} = \frac{\lambda}{\lambda}$

$\Rightarrow \frac{3y^2}{x} = 1 \Rightarrow 3y^2 = x \Rightarrow y = \pm\sqrt{\frac{x}{3}}\ (V)$

$\frac{(I)}{(III)} \Rightarrow \frac{3x^2y^2z}{x^3y^2} = \frac{\lambda}{3\lambda z^2}$

$\Rightarrow \frac{3z}{x} = \frac{1}{3z^2}$

$\Rightarrow 9z^3 = x$

$\Rightarrow z = \left(\frac{x}{9}\right)^{\frac{1}{3}}\ (VI)$

$(V), (VI)$ in (IV)

$\Rightarrow 100 - x - \frac{x}{3} - \frac{x}{9} = 0$

$\Rightarrow 100 = \frac{13}{9}x$

$\Rightarrow x = \frac{900}{13} \approx 69,2308\ (VII)$

(VII) in (V) :

$\Rightarrow y = \pm\sqrt{\frac{300}{13}} \approx \pm 4,804$

Da alle anderen Vorzeichen positiv sind, muss auch das von y positiv sein, um den Zielfunktionswert zu maximieren. Bei negativem Vorzeichen von y liegt das Minimum.

(VII) in (VI) :

$\Rightarrow z = \left(\frac{100}{13}\right)^{\frac{1}{3}} \approx 1,974$

Ist die Nebenbedingung nun erfüllt?

Ja, denn:

$x + y^2 + z^3 = \frac{900}{13} + \left[\sqrt{\frac{300}{13}}\right]^2 + \left[\left(\frac{100}{13}\right)^{\frac{1}{3}}\right]^3 = \frac{1300}{13} = 100$

Der Zielfunktionswert ist

$Z = x^3 \cdot y^2 \cdot z = \left(\frac{900}{13}\right)^3 \cdot \left(\sqrt{\frac{300}{13}}\right)^2 \cdot \left(\frac{100}{13}\right)^{\frac{1}{3}} \approx 15115676,53$

Eingabe in LINGO:

max=x^3*y^2*z;

x+y^2+z^3=100;

14.5.5 Aufgabe 5

max. $Z = x^3y^2z$

$s.c. x + y + z = 100$

$\mathfrak{L} = x^3y^2z + \lambda \cdot (100 - x - y - z)$

$\frac{\partial \mathfrak{L}}{\partial x} = 3x^2y^2z - \lambda = 0 \Rightarrow 3x^2y^2z = \lambda \ (I)$

$\frac{\partial \mathfrak{L}}{\partial y} = 2x^3yz - \lambda = 0 \Rightarrow 2x^3yz = \lambda \ (II)$

$\frac{\partial \mathfrak{L}}{\partial y} = x^3y^2 - \lambda = 0 \Rightarrow x^3y^2 = \lambda \ (III)$

$\frac{\partial \mathfrak{L}}{\partial \lambda} = 100 - x - y - z = 0 \Rightarrow 100 = x + y + z \ (IV)$

$\frac{(I)}{(II)} \Rightarrow \frac{3x^2y^2z}{2x^3yz} = \frac{\lambda}{\lambda}$

$\Rightarrow 1,5\frac{y}{x} = 1$

$\Rightarrow y = \frac{2}{3}x \ (V)$

$\frac{(I)}{(III)} \Rightarrow \frac{3x^2y^2z}{x^3y^2} = \frac{\lambda}{\lambda}$

$\Rightarrow 3\frac{z}{x} = 1$

$\Rightarrow z = \frac{1}{3}x \ (VI)$

(V) und (VI) in (IV)

$100 = x + \frac{2}{3}x + \frac{1}{3}x = 2x$

$\Rightarrow x = 50 \ (VII)$

(VII) in (V)

$\Rightarrow y = \frac{2}{3} \cdot 50 = \frac{100}{3} = 33,\overline{3}$

(VII) in (VI)

$\Rightarrow z = \frac{1}{3} \cdot 50 = \frac{50}{3} = 16,\overline{6}$

$\Rightarrow Z = 0,23\overline{148} \cdot 10^{10}$

Eingabe in LINGO:

```
max=x^3*y^2*z;
x+y+z=100;
```

Um die errechneten Ergebnisse auch mit LINGO zu erreichen, muss gegebenfalls in den Optionen der „global solver" aktiviert werden, da ansonsten nur ein lokales Extremum gesucht wird.

14.5.6 Aufgabe 6

Zielfunktion: $Y = K^{0,6} \cdot L^{0,4}$

Budgetrestriktion: $9 \cdot K + 6 \cdot L = 200$

Somit lautet die Lagrange-Funktion:

$\mathfrak{L} = K^{0,6} \cdot L^{0,4} + \lambda \cdot (200 - 9 \cdot K - 6 \cdot L)$

$\frac{\partial \mathfrak{L}}{\partial K} = 0,6 \cdot K^{-0,4} \cdot L^{0,4} - 9 \cdot \lambda = 0 \Rightarrow 0,6 \cdot K^{-0,4} \cdot L^{0,4} = 9 \cdot \lambda \ (I)$

$\frac{\partial \mathfrak{L}}{\partial L} = 0,4 \cdot K^{0,6} \cdot L^{-0,6} - 6 \cdot \lambda = 0 \Rightarrow 0,4 \cdot K^{0,6} \cdot L^{-0,6} = 6 \cdot \lambda \ (II)$

$\frac{\partial \mathfrak{L}}{\partial \lambda} = 200 - 9 \cdot K - 6 \cdot L = 0 \Rightarrow L = \frac{100}{3} - 1,5 \cdot K \ (III)$

$\frac{(I)}{(II)} \Rightarrow 1,5 \cdot \frac{L}{K} = 1,5 \Rightarrow L = K$ in (III):

$L = \frac{100}{3} - 1,5 \cdot L$

$\Rightarrow L = K = 13,\overline{3}$ und somit
$Y = 13,\overline{3}$

14.5.7 Aufgabe 7

Zielfunktion: $Y = K^{0,5} \cdot L^{0,5}$
Budgetrestriktion: $5 \cdot K + 10 \cdot L = 100$
Somit lautet die Lagrange-Funktion:
$\mathfrak{L} = K^{0,5} \cdot L^{0,5} + \lambda \cdot (100 - 5 \cdot K - 10 \cdot L)$
$\frac{\partial \mathfrak{L}}{\partial K} = 0,5 \cdot K^{-0,5} \cdot L^{0,5} - 5 \cdot \lambda = 0 \Rightarrow 0,5 \cdot K^{-0,5} \cdot L^{0,5} = 5 \cdot \lambda \ (I)$
$\frac{\partial \mathfrak{L}}{\partial L} = 0,5 \cdot K^{0,5} \cdot L^{-0,5} - 10 \cdot \lambda = 0 \Rightarrow 0,5 \cdot K^{0,5} \cdot L^{-0,5} = 10 \cdot \lambda \ (II)$
$\frac{\partial \mathfrak{L}}{\partial \lambda} = 100 - 5 \cdot K - 10 \cdot L = 0 \Rightarrow K = 20 - 2 \cdot L \ (III)$
$\frac{(I)}{(II)} \Rightarrow \frac{L}{K} = 0,5 \Rightarrow L = 0,5 \cdot K$ in (III) :
$K = 20 - K \Rightarrow K = 10$
$\Rightarrow L = 0,5 \cdot 10 = 5$ und somit
$Y \approx 7,07$

14.5.8 Aufgabe 8

Zielfunktion: Kosten $= C = 20 \cdot K + 10 \cdot L$ (Kosten sind zu minimieren)
Produktionsrestriktion: $Y = 100 = K^{0,5} \cdot L^{0,5}$ (100 Stück sind herzustellen)
Nebenbedingung nach 0 aufgelöst: $100 - K^{0,5} \cdot L^{0,5} = 0$
Die Lagrange-Funktion lautet daher:
$\mathfrak{L} = 20 \cdot K + 10 \cdot L + \lambda \cdot \left(100 - K^{0,5} \cdot L^{0,5}\right)$
$\frac{\partial \mathfrak{L}}{\partial K} = 20 - \lambda \cdot 0,5 \cdot K^{-0,5} \cdot L^{0,5} = 0 \Rightarrow 20 = \lambda \cdot 0,5 \cdot K^{-0,5} \cdot L^{0,5} \ (I)$
$\frac{\partial \mathfrak{L}}{\partial L} = 10 - \lambda \cdot 0,5 \cdot K^{0,5} \cdot L^{-0,5} = 0 \ (II) \Rightarrow 10 = \lambda \cdot 0,5 \cdot K^{0,5} \cdot L^{-0,5}$
$\frac{\partial \mathfrak{L}}{\partial \lambda} = \ 100 - K^{0,5} \cdot L^{0,5} = 0 \Rightarrow K^{0,5} \cdot L^{0,5} = 100 \ (III)$
$\frac{(I)}{(II)} \Rightarrow \frac{L}{K} = 2 \Rightarrow L = 2 \cdot K$ in $(III) : K^{0,5} \cdot (2 \cdot K)^{0,5} = 100$
$\Rightarrow K^* = \frac{100}{2^{0,5}}$
$L^* = 2 \cdot K^* = 2^{0,5} \cdot 100$
Stimmt dieses Ergebnis?
Überprüfen wir es mit der Einsetzmethode:
Aus $100 = K^{0,5} \cdot L^{0,5}$ folgt $K = \frac{10000}{L}$.
Das Einsetzen in die Kostenfunktion führt zu:
$C = \frac{200.000}{L} + 10 \cdot L$
$\frac{\partial C}{\partial L} = -\frac{200.000}{L^2} + 10 = 0 \Rightarrow L^* = \sqrt{20.000} = 2^{0,5} \cdot 100$
$K^* = \frac{10000}{L^*} = \frac{10.000}{2^{0,5} \cdot 100} = \frac{100}{2^{0,5}}$
$Y = (K^*)^{0,5} \cdot (L^*)^{0,5} = 100$
Das Ergebnis ist identisch und die Produktionsrestriktion wurde ebenfalls eingehalten.

14.5.9 Aufgabe 9

Der gleiche Fall wie bei Aufgabe 8 liegt vor: Als Zielfunktion sollen die Kosten minimiert werden, wobei eine Menge von 50 Stück hergestellt werden soll. Die Produktionsfunktion lautet $Y = K^{0,2} \cdot L^{0,8}$, Kapital ist zu einem Preis von 10, Arbeit zu einem Preis von 5 verfügbar.

Zielfunktion: Kosten $= C = 10 \cdot K + 5 \cdot L$ (Kosten sind zu minimieren)

Produktionsrestriktion: $Y = 50 = K^{0,2} \cdot L^{0,8}$ (50 Stück sind herzustellen)

Nebenbedingung nach 0 aufgelöst: $50 - K^{0,2} \cdot L^{0,8} = 0$

Die Lagrange-Funktion lautet daher:

$\mathfrak{L} = 10 \cdot K + 5 \cdot L + \lambda \cdot \left(50 - K^{0,2} \cdot L^{0,8}\right)$

$\frac{\partial \mathfrak{L}}{\partial K} = 10 - \lambda \cdot 0,2 \cdot K^{-0,8} \cdot L^{0,8} = 0 \Rightarrow 10 = \lambda \cdot 0,2 \cdot K^{-0,8} \cdot L^{0,8} \ (I)$

$\frac{\partial \mathfrak{L}}{\partial L} = 5 - \lambda \cdot 0,8 \cdot K^{0,2} \cdot L^{-0,2} = 0 \ (II) \Rightarrow 5 = \lambda \cdot 0,8 \cdot K^{0,2} \cdot L^{-0,2}$

$\frac{\partial \mathfrak{L}}{\partial \lambda} = 50 - K^{0,2} \cdot L^{0,8} = 0 \Rightarrow K^{0,2} \cdot L^{0,8} = 50 \ (III)$

$\frac{(I)}{(II)} \Rightarrow \frac{L}{4 \cdot K} = 2 \Rightarrow L = 8 \cdot K \text{ in } (III) : K^{0,2} \cdot (8 \cdot K)^{0,8} = 50$

$\Rightarrow K^* = \frac{50}{8^{0,8}} \approx 9,473$

$\Rightarrow L^* = 8 \cdot K^* = 8^{0,2} \cdot 50 \approx 75,786$

$\Rightarrow C \approx 473,66$

Als Kosten ergeben sich:

$C = 473,66$

14.5.10 Aufgabe 10

Mithilfe des Zinssatzes i (interest), des Lohnsatzes w (wage) und der festgelegten Produktionsmenge $\overline{Y}$ lässt sich das Problem folgendermaßen formulieren:

Zielfunktion: Kosten $= C = i \cdot K + w \cdot L$

Nebenbedingung: $Y = \overline{Y} = K^a \cdot L^b$

$\mathfrak{L} = i \cdot K + w \cdot L + \lambda \cdot \left(\overline{Y} - K^a \cdot L^b\right)$

$\frac{\partial \mathfrak{L}}{\partial K} = i - \lambda \cdot a \cdot K^{a-1} \cdot L^b = 0 \Rightarrow i = \lambda \cdot a \cdot K^{a-1} \cdot L^b \ (I)$

$\frac{\partial \mathfrak{L}}{\partial L} = w - \lambda \cdot b \cdot K^a \cdot L^{b-1} = 0 \Rightarrow w = \lambda \cdot b \cdot K^a \cdot L^{b-1} \ (II)$

$\frac{\partial \mathfrak{L}}{\partial \lambda} = \overline{Y} - K^a \cdot L^b = 0 \quad (III) \Rightarrow \overline{Y} = K^a \cdot L^b$

$\frac{(I)}{(II)} \Rightarrow \frac{i}{w} = \frac{\lambda \cdot a \cdot K^{a-1} \cdot L^b}{\lambda \cdot b \cdot K^a \cdot L^{b-1}} = \frac{a \cdot L}{b \cdot K} \Rightarrow K^* = \frac{a \cdot w \cdot L}{b \cdot i} \text{ in } (III) :$

$\overline{Y} = \left(\frac{a \cdot w \cdot L}{b \cdot i}\right)^a \cdot L^b = \left(\frac{a \cdot w}{b \cdot i}\right)^a \cdot L^{a+b}$

$\Rightarrow L^* = \overline{Y}^{\frac{1}{a+b}} \cdot \left(\frac{b \cdot i}{a \cdot w}\right)^{\frac{a}{a+b}}$

$L^* \text{ in } K^* = \frac{a \cdot w \cdot L^*}{b \cdot i}$

$\Rightarrow K^* = \frac{a \cdot w}{b \cdot i} \cdot \overline{Y}^{\frac{1}{a+b}} \cdot \left(\frac{b \cdot i}{a \cdot w}\right)^{\frac{a}{a+b}}$

$= \left(\frac{a \cdot w}{b \cdot i}\right)^{\frac{a+b}{a+b}} \cdot \overline{Y}^{\frac{1}{a+b}} \cdot \left(\frac{b \cdot i}{a \cdot w}\right)^{\frac{a}{a+b}} = \overline{Y}^{\frac{1}{a+b}} \cdot \left(\frac{a \cdot w}{b \cdot i}\right)^{\frac{a+b}{a+b}} \cdot \left(\frac{a \cdot w}{b \cdot i}\right)^{-\frac{a}{a+b}}$

$= \overline{Y}^{\frac{1}{a+b}} \cdot \left(\frac{a \cdot w}{b \cdot i}\right)^{\frac{b}{a+b}}$

14.6 Lösung der Aufgaben zu Kapitel 6

14.6.1 Aufgabe 1

Maximax: Gewählt wird die Alternative, deren Ausprägung im für sie „besten" Umweltzustand höher ist als die Ausprägungen der anderen Alternativen im jeweils für diese „besten" Umweltzustand. Der Entscheider geht bei der Wahl dieser Regel also davon aus, dass der Umweltzustand eintritt, der für ihn selbst am besten ist: ein Optimist.
Maximin: Es gilt genau umgekehrt: Hier wird die Alternative gewählt, deren Ausprägung im für sie „schlechtesten" Umweltzustand höher ist als die Ausprägungen der anderen Alternativen im jeweils für diese „schlechtesten" Umweltzustand. Der Entscheider geht also davon aus, dass der für ihn schlechteste Umweltzustand eintritt: ein Pessimist.

14.6.2 Aufgabe 2

Bei Unsicherheit können keine Wahrscheinlichkeiten festgelegt werden, mit denen die Umweltzustände eintreten. Daher ist es möglich, dass alle Wahrscheinlichkeiten gleich wahrscheinlich sind. Diese Annahme wird der Laplace-Regel zugrunde gelegt.

14.6.3 Aufgabe 3

Minimax: Es würde die Alternative gewählt, die, wenn der jeweils beste Umweltzustand eintritt (Optimist), das schlechteste Ergebnis aufweist. Warum sollte sich der Entscheider mit dem schlechtesten Ergebnis zufrieden geben?
Minimin: Es würde die Alternative gewählt, die, wenn der jeweils schlechteste Umweltzustand eintritt (Pessimist), das schlechteste Ergebnis aufweist. Wieder stellt sich die Frage, warum der Entscheider eine Alternative wählen sollte, die schlechter ist als alle anderen.

14.6.4 Aufgabe 4

	U_1	U_2	U_3	Minimum	Maximum	Hurwicz $\alpha = 0,2$	Hurwicz $\alpha = 0,8$	Laplace $\frac{\sum_{j=1}^{3} E_{ij}}{3}$
A_1	20	10	5	5	20	4,4	17	$11\frac{2}{3}$
A_2	16	11	7	7	16	8,8	14,2	$11\frac{1}{3}$
A_3	14	12	8	8	14	9,2	12,8	$11\frac{1}{3}$
Optimal				A_3	A_1	A_3	A_1	A_1

Für die Bestimmung der besten Alternative nach der Savage-Niehans-Regel müssen zuerst die Regretwerte bestimmt werden:

Ursprungsmatrix				Regret-Matrix				
	U_1	U_2	U_3		U_1	U_2	U_3	Maximum
A_1	20	10	5	A_1	0	2	3	3
A_2	16	11	7	A_2	4	1	1	4
A_3	14	12	8	A_3	6	0	0	6
Maximum	20	12	8					

Das Minimum der Maxima ist 3, somit ist Alternative A_1 optimal.

14.6.5 Aufgabe 5

Gegeben ist die folgende Ergebnismatrix:

	U_1: Einkommen steigt	U_2: Einkommen sinkt	U_3: Arbeitslos
A_1: Preis erhöhen	15	10	5
A_2: Preis beibehalten	16	11	7
A_3: Preis senken	14	12	8

Die Alternative A_1 liefert offensichtlich in jedem Umweltzustand ein schlechteres Ergebnis als Alternative A_2, sollte also nicht weiter betrachtet werden. Somit ergibt sich:

	U_1	U_2	U_3
A_2	16	11	7
A_3	14	12	8

Hierauf können nun Maximax-, Maximin- und HurwicZ - Regel angewendet werden:

	U_1	U_2	U_3	Minimum	Maximum	Hurwicz $\alpha = 0,4$	Hurwicz $\alpha = 0,6$	Laplace $\frac{\sum_{j=3}^{3} E_{ij}}{3}$
A_2	16	11	7	7	16	10,6	12,4	$11\frac{1}{3}$
A_3	14	12	8	8	14	10,4	11,6	$11\frac{1}{3}$
Optimal				A_3	A_2	A_2	A_2	A_2, A_3

Für die Entscheidung mithilfe der Savage-Niehans-Regel muss wiederum die Regretmatrix aufgestellt werden:

Ursprungsmatrix				Regret-Matrix				
	U_1	U_2	U_3		U_1	U_2	U_3	Maximum
A_2	16	11	7	A_2	0	1	1	1
A_3	14	12	8	A_3	2	0	0	2
Maximum	16	12	8					

Das Minimum der Maxima ist 1, somit ist Alternative A_2 optimal.

14.7 Lösungen der Aufgaben zu Kapitel 7

14.7.1 Aufgabe 1

Bei Entscheidungssituationen unter Risiko ist zwar, wie bei Entscheidungssituationen unter Unsicherheit, ungewiss, welcher Umweltzustand eintritt, allerdings sind die Eintrittswahrscheinlichkeiten der Umweltzustände bekannt.

14.7.2 Aufgabe 2

Beim Laplace-Kriterium (Entscheidungen unter Unsicherheit) werden zwar alle Umweltzustände berücksichtigt, die Ergebnisse aber gleich stark gewichtet, da die Eintrittswahrscheinlichkeit der Umweltzustände unbekannt ist und angenommen wird, dass deren Eintreten gleich wahrscheinlich ist. Beim Erwartungswert-Kriterium werden wiederum alle Umweltzustände berücksichtigt, deren Ergebnisse aber mit der Eintrittswahrscheinlichkeit des jeweiligen Umweltzustands gewichtet.

14.7.3 Aufgabe 3

	U_1	U_2	U_3	Maximum-Likelihood	μ	σ
Eintrittswahrscheinlichkeit	0,3	0,5	0,2	(nur U_2)		
A_1	20	10	5	10	12	5,6
A_2	16	11	7	11	11,7	3,3
A_3	14	12	8	12	11,8	2,1
optimale Alternative				A_3	A_1	A_3

Hinweis: Es wird beim Maximum-Likelihood-Kriterium nur der Umweltzustand U_2 betrachtet, da dieser die größte Wahrscheinlichkeit aufweist.
Für die Bestimmung der optimalen Alternative nach der Regel des erwarteten Opportunitätsverlustes muss zuerst eine Art Regret-Matrix aufgestellt werden und die Erwartungswerte der einzelnen Alternativen bzgl. der Werte dieser Matrix bestimmt werden.

	U_1	U_2	U_3	μ_O
Eintrittswahrscheinlichkeit	0,3	0,5	0,2	
A_1	0	2	3	1,6
A_2	4	1	1	1,9
A_3	6	0	0	1,8
Minimum				1,6

Optimal ist die Alternative, die den geringsten Erwartungswert aufweist, also A_1.

14.7.4 Aufgabe 4

Beim Erwartungswert-Kriterium lautet die Fragestellung: Wie hoch ist der Ertrag im Mittel? Es wird die Alternative gewählt, die im Mittel den höchsten Ertrag aufweist.
Bei der Erwartungswert-Standardabweichung ist die Fragestellung: Was ist das mittlere Risiko? Es wird die Alternative gewählt, bei der im Mittel das geringste Risiko besteht.

14.7.5 Aufgabe 5

Die Regel des erwarteten Opportunitätsverlustes erweitert die Savage-Niehans-Regel nur um die Eintrittswahrscheinlichkeiten der Alternativen, benutzt ansonsten aber das gleiche Entscheidungskonzept. Es wird der Erwartungswert der Regretwerte bestimmt.

14.8 Lösungen der Aufgaben zu Kapitel 8

14.8.1 Aufgabe 1

(Basketball; Basketball) ist einziges Nash-Gleichgewicht.
Begründung: Angenommen (Theater; Theater) wäre Nash-Gleichgewicht. Für die Frau wäre es aber sinnvoll, auf Basketball abzuweichen, da $5 > 0$. In dieser Situation wäre es aber für den Mann lohnend, auf Basketball zu wechseln. Erst in dieser Situation ist unilaterales Abweichen für keinen Spieler mehr nutzensteigend.

14.8.2 Aufgabe 2

Es gibt kein Nash-Gleichgewicht.
Begründung: Angenommen, (Kopf, Kopf) wäre Nash-Gleichgewicht. Dann würde es sich für Spieler 2 lohnen, auf Zahl abzuweichen, da $1 > -2$. In dieser Situation würde es sich aber für Spieler 1 ebenfalls lohnen, auf Zahl zu wechseln, da $1 > -2$. Spieler 2 würde dann wieder auf Kopf abweichen und Spieler 1 wieder mit einem Wechsel auf Zahl reagieren. In keiner Situation ist also einseitiges Abweichen für keinen Spieler attraktiv, anders gesagt: In jeder Situation ist unilaterales Abweichen für einen Spieler attraktiv, also liegt in keiner Situation ein Nash-Gleichgewicht vor.

14.8.3 Aufgabe 3

a. (V;W) ist einziges Nash-Gleichgewicht.

b. Spielbaum

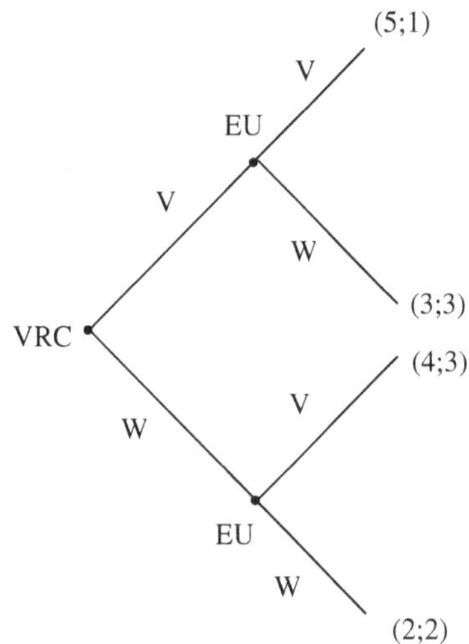

Abbildung~14.2: Spielbaum zur Handelsaufgabe China-EU

c. Wenn die VRC einen hohen Zoll erhebt, so hat die EU die Wahl zwischen 1 und 3, wird also wenig Zoll erheben, (3;3) wird also realisiert. Wenn die VRC wenig Zoll verlangt, hat die EU die Wahl zwischen 3 und 2, wird also viel Zoll erheben, (4;3) wird umgesetzt. Zusammenfassend:

Erhebt die VRC einen hohen Zoll, wird (V; W) realisiert, also (3;3).

Erhebt die VRC wenig Zoll, wird (W;V) realisiert, also (4;3).

Da China einen möglichst hohen Betrag für sich erzielen möchte, wählt es W, die EU reagiert, wie erwartet, mit V, wodurch sich (4;3) als teilspielperfektes Gleichgewicht ergibt.

14.8.4 Aufgabe 4

a. Spielbaum

Der Spielbaum hat das folgende Aussehen:

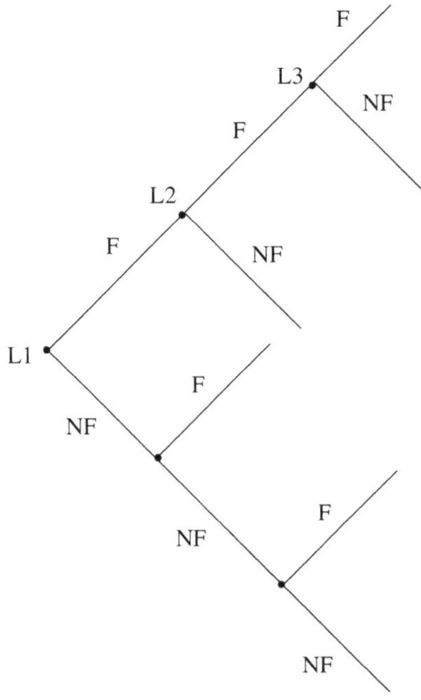

Abbildung~14.3: Spielbaum des Löwen-Beispiels

b. Präferenz der einzelnen Löwen

Das Spiel wird wieder rückwärtig gelöst:

3. (Hinterster) Löwe will auf jeden Fall fressen, wenn möglich.

2. Löwe frisst nicht, da er sonst gefressen wird.

1. Löwe frisst, da ihm vom 2. Löwen keine Gefahr droht.

c. Allgemeine Lösung für n Löwen

- n ungerade (1, 3,...)⇒ Daniel wird gefressen.
- n gerade (2, 4,...)⇒ Daniel wird nicht gefressen[1]

[1] In der Bibel-Geschichte waren sieben Löwen in der Grube. Dies ist interessant, denn sieben ist ungerade, was davon zeugt, dass hier Gott die Finger im Spiel gehabt haben muss.

14.8.5 Aufgabe 5

Es liegt nahe, dass ein hoher Preis für beide den Gewinn maximiert. Allerdings würde in diesem Fall für beide ein Anreiz bestehen, unilateral abzuweichen, da 6000>4000. Wechselt bspw. „ALI", so erhält er einen Gesamt-Deckungsbeitrag von 6000 EUR, MARMARIS allerdings nur einen von 1000 EUR. MARMARIS wird daher auch einen niedrigen Preis wählen. In diesem Zustand hat niemand mehr einen Anreiz, unilateral abzuweichen, da 2000 > 1000. Das Nach-Gleichgewicht liegt also bei (niedriger Preis; niedriger Preis).

		MARMARIS	
		niedriger Preis	hoher Preis
ALI	niedriger Preis	**(2000;2000)**	(6000;1000)
	hoher Preis	(1000;6000)	(4000;4000)

14.9 Lösungen der Aufgaben zu Kapitel 9

14.9.1 Aufgabe 1

Der unzulässige Netzplan ist:

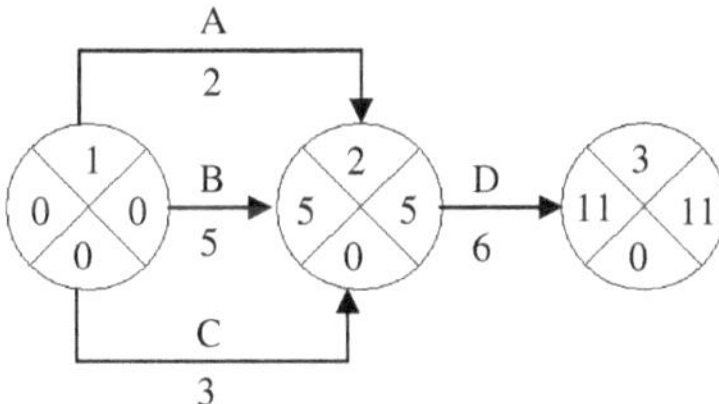

Abbildung~14.4: Netzplan mit unzulässigen parallelen Vorgängen

Die Vorgänge A, B und C haben den gleichen Anfangs- und Endknoten. Für zwei der drei müssen also Scheinvorgänge eingeführt werden, ein Vorgang kann unverändert bleiben. Wir wählen zwei beliebige, A und C, aus und erhalten:

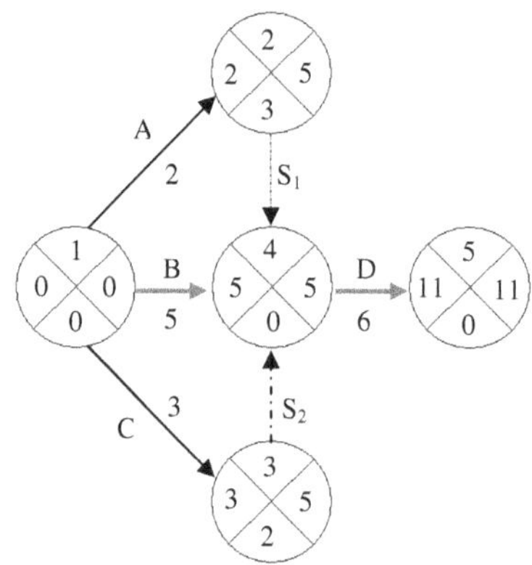

Abbildung~14.5: Verbesserter Netzplan mit Scheinvorgängen

14.9.2 Aufgabe 2

Die Vorgangsliste hat folgendes Aussehen:

Nr.	Vorgang	Dauer	Vorgäger
A	Tagungsanfrage erfassen	3	—
B	Tagung buchen	10	A
C	Flug buchen	20	B
D	Tagungsort lokalisieren	10	B
E	Hotel reservieren	15	C, D
F	Übersicht übersenden	2	E

Der Netzplan ergibt sich folgendermaßen:

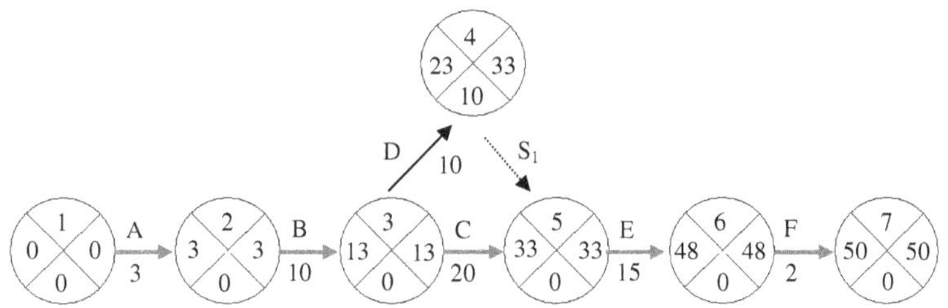

Abbildung~14.6: Netzplan zu Aufgabe 2

14.9.3 Aufgabe 3

Die Vorgangsliste hat folgendes Aussehen:

Nr.	Vorgang	Dauer	Vorgänger
A	Vordrucke erstellen	20	——
B	Listen ausdrucken	5	A
C	Korrektur lesen	4	A
D	Listen verteilen	5	B, C
E	Gäste treffen ein	20	D
F	Gäste begrüßen	22	D
G	Listen ausfüllen	30	E, F

Der Netzplan ergibt sich folgendermaßen:

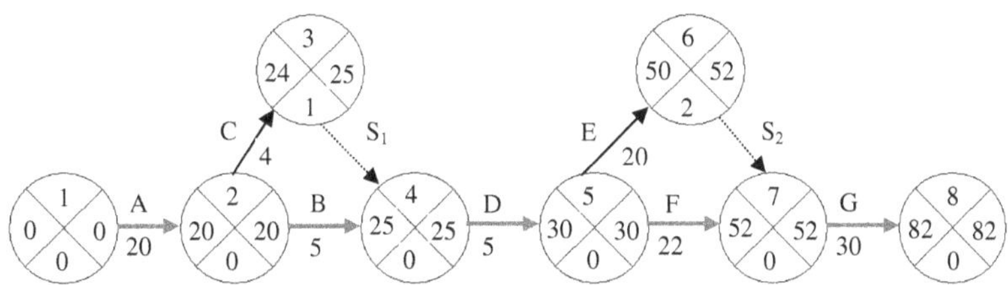

Abbildung~14.7: Netzplan zu Aufgabe 3

14.9.4 Aufgabe 4

Als Vorgangsliste ergibt sich:

Nr.	Vorgang	Dauer	Vorgänger
A	Dateneingabe in PC	30	—
B	Einkaufen	60	—
C	Ausdruck des Ersten	1	A, B
D	Ausdruck der Anderen	19	C
E	Beschriftung und Einkouvertieren	30	C
F	Zur Post bringen	8	D, E

Der Netzplan ergibt sich folgendermaßen:

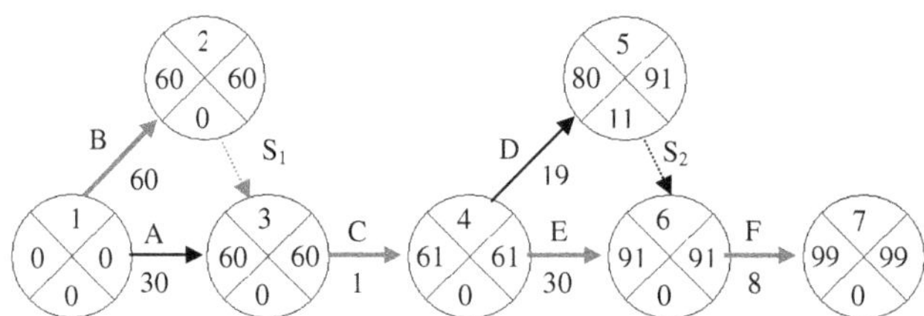

Abbildung~14.8: Netzplan zu Aufgabe 4

14.9.5 Aufgabe 5

Als Vorgangsliste ergibt sich:

Nr.	Vorgang	Dauer	Vorgänger
A	Besprechung	10	—
B	Kofferpacken Achmed	3	A
C	Kofferpacken Layla	20	A
D	Kofferpacken Ingo	10	A
E	Autofahrt zur Tagung	40	B, C, D
F	Fahrt zum Bahnhof	5	B, C, D
G	Zugfahrt	20	F
H	Besprechung am Ziel	2	E, G

Der Netzplan ergibt sich folgendermaßen:

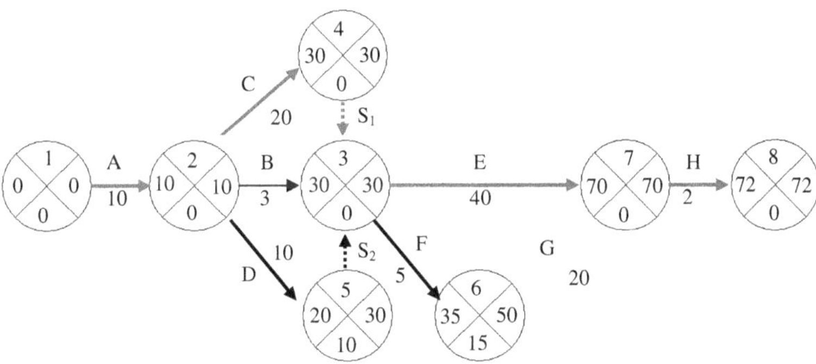

Abbildung~14.9: Netzplan zu Aufgabe 5

14.10 Lösungen der Aufgaben zu Kapitel 10

14.10.1 Aufgabe 1

Die Lösung ergibt sich in drei Schritten:

1. Eingabe in EXCEL wie im Skript vorgeführt
2. Start des Solvers
3. Ablesen der Ergebnisse

Es ergibt sich:

$$\text{Menge} = \underset{\begin{pmatrix} 43,517 \\ 4,785 \cdot 10^{-18} \end{pmatrix}}{24,78} - \underset{\begin{pmatrix} -24,409 \\ 4,347 \cdot 10^{-14} \end{pmatrix}}{2,57} \cdot \text{Preis}$$

Alle Parameter sind signifikant von 0 verschieden, da $|43,517| > 1,96$ und $|-24,409| > 1,96$. Zudem sind auch die P-Values deutlich kleiner als 5%.

14.10.2 Aufgabe 2

Achmed hat ein Preisexperiment wie das in Aufgabe 1 durchgeführt, bei dem die Funktion: $\widehat{Menge} = 10.000 - 2500 \cdot Preis$.

Preis	Menge
2,80	3.000
3,20	2.000
3,20	2.000
3,40	1.500
3,60	1.000

Erläuterung:

$\widehat{x} = 10.000 - 2.500 \cdot P$

Menge gesucht: Einfach den Preis einsetzen.

$\Rightarrow$ Preis gesucht: Menge einsetzen, nach P auflösen. Allgemein:

$$x - 10.000 = -2.500 \cdot P \Rightarrow P = \frac{10.000 - x}{2.500}$$

14.10.3 Aufgabe 3

In einem ersten Schritt ist die Darstellung zu linearisieren:

$y = a \cdot b^p \Rightarrow \ln y = \ln a + p \cdot \ln b$

Einfügen einer Spalte „lny" in EXCEL, wobei die Elemente =LN(y) sind.

Verwendung dieser Werte als x- und y-Eingabewerte.

Ausgabe ist nun (Ausschnitt des EXCEL-Outputs):

	Koeffizienten	Standardfehler	t-Statistik	P-Wert
Schnittpunkt	3,58399...	0,17456...	20,53139...	6,38423E-13
X Variable 1	-0,26687...	0,03225...	-8.27435...	3,5708E-07

(E$-x$ steht hierbei jeweils für 10^{-x})

Die Lösung ist also: $a \approx e^{3,584} \approx 36,02; b \approx e^{-0,2669} \approx 0,77$ und somit $y = 36,02 \cdot 0,77^p$

14.10.4 Aufgabe 4

$y = \widehat{a} + \widehat{b}x + \widehat{e}_i$

$\min S = \sum\limits_{i=1}^{n} \widehat{e}_i^2 = \sum\limits_{i=1}^{n} \left(y_i - \widehat{a} - \widehat{b}x_i \right)^2$

$\frac{\partial S}{\partial a} = 2 \sum\limits_{i=1}^{n} \left(y_i - \widehat{a} - \widehat{b}x_i \right) = 0 \quad / : 2$

$\Rightarrow \sum\limits_{i=1}^{n} y_i - \sum\limits_{i=1}^{n} \widehat{a} - \sum\limits_{i=1}^{n} \widehat{b}x_i = 0$

$\Rightarrow \sum\limits_{i=1}^{n} y_i - n \cdot \widehat{a} - \widehat{b} \sum\limits_{i=1}^{n} x_i = 0 \quad / : n$

$\Rightarrow \widehat{a} = \overline{y} - \widehat{b} \cdot \overline{x}$

$\frac{\partial S}{\partial b} = 2 \sum\limits_{i=1}^{n} \left(y_i - \widehat{a} - \widehat{b}x_i \right) \cdot (-x_i) = 0 \quad / : (-2)$

$\Rightarrow \sum\limits_{i=1}^{n} x_i y_i - \sum\limits_{i=1}^{n} \widehat{a}x_i - \sum\limits_{i=1}^{n} \widehat{b}x_i^2 = 0$

Einsetzen von $\widehat{a} = \overline{y} - \widehat{b} \cdot \overline{x}$:

$\Rightarrow \sum\limits_{i=1}^{n} x_i y_i - \sum\limits_{i=1}^{n} \left(\overline{y} - \widehat{b} \cdot \overline{x} \right) x_i - \sum\limits_{i=1}^{n} \widehat{b}x_i^2 = 0 \quad / : n$

$\Rightarrow \overline{x \cdot y} - \overline{x} \cdot \overline{y} + \widehat{b} \cdot \overline{x}^2 - \widehat{bx^2} = 0$

$\Rightarrow \widehat{b} = \frac{\overline{x \cdot y} - \overline{x} \cdot \overline{y}}{\overline{x^2} - \overline{x}^2}$

14.10.5 Aufgabe 5

Bei K Einflussfaktoren und (weiterhin) n Beobachtungen ergäbe sich folgende Darstellung:

$$\overrightarrow{y} = \begin{pmatrix} y_1 \\ y_2 \\ \vdots \\ y_n \end{pmatrix} = \begin{bmatrix} 1 & x_{12} & \cdots & x_{1K} \\ 1 & x_{22} & \cdots & x_{2K} \\ \vdots & \vdots & & \vdots \\ 1 & x_{n2} & \cdots & x_{nK} \end{bmatrix} \cdot \begin{pmatrix} \beta_1 \\ \beta_2 \\ \vdots \\ \beta_n \end{pmatrix} + \begin{pmatrix} e_1 \\ e_2 \\ \vdots \\ e_n \end{pmatrix}$$

oder - mit $X = \begin{bmatrix} 1 & x_{12} & & x_{1K} \\ 1 & x_{22} & \cdots & x_{2K} \\ \vdots & \vdots & \vdots & \vdots \\ 1 & x_{n2} & \cdots & x_{nK} \end{bmatrix}$ -

$$\overrightarrow{y} = \underbrace{\underset{n\times K}{X} \cdot \underset{K\times 1}{\overrightarrow{\beta}}}_{n\times 1} + \underset{n\times 1}{\overrightarrow{e}}$$

(Hierbei bezeichnet X^T die Transponierte zur Matrix X.)

In der zu schätzenden Form hat es folgendes Aussehen:

$\overrightarrow{y} = X \cdot \overrightarrow{\widehat{\beta}} + \overrightarrow{\widehat{e}}$

Das Optimierungskalkül lautet nun (ähnlich dem in der „einfachen" Regression):

$\min S = \overrightarrow{\widehat{e}}^T \overrightarrow{\widehat{e}}$

$= \left(\overrightarrow{y} - X \cdot \overrightarrow{\widehat{\beta}}\right)^T \cdot \left(\overrightarrow{y} - X \cdot \overrightarrow{\widehat{\beta}}\right) = \left(\overrightarrow{y}^T - \overrightarrow{\widehat{\beta}}^T \cdot X^T\right) \cdot \left(\overrightarrow{y} - X \cdot \overrightarrow{\widehat{\beta}}\right)$

$= \overrightarrow{y}^T \cdot \overrightarrow{y} - \overrightarrow{y}^T \cdot X \cdot \overrightarrow{\widehat{\beta}} - \overrightarrow{\widehat{\beta}}^T \cdot X^T \cdot \overrightarrow{y} + \overrightarrow{\widehat{\beta}}^T \cdot X^T \cdot X \cdot \overrightarrow{\widehat{\beta}}$

Sei A eine Matrix und x ein Vektor, so gelten für die Ableitungen folgende Regeln:

$\frac{\partial A \overrightarrow{x}}{\partial \overrightarrow{x}} = A^T$

$\frac{\partial A^T \overrightarrow{x}}{\partial \overrightarrow{x}} = A$

$\frac{\partial \overrightarrow{x}^T \cdot A^T \cdot A \cdot \overrightarrow{x}}{\partial \overrightarrow{x}} = \left(A + A^T\right) \cdot \overrightarrow{x}$

Wenn A symmetrisch ist, gilt insbesondere:

$\frac{\partial \overrightarrow{x}^T \cdot A^T \cdot A \cdot \overrightarrow{x}}{\partial \overrightarrow{x}} = 2 \cdot A \cdot \overrightarrow{x}$

Es folgt also:

$\frac{\partial S}{\partial \overrightarrow{x}} = -X^T \cdot \overrightarrow{y} - X^T \cdot \overrightarrow{y} + 2 \cdot X^T \cdot X \cdot \overrightarrow{\widehat{\beta}} = \overrightarrow{0}$

$\Rightarrow 2 \cdot X^T \cdot X \cdot \overrightarrow{\widehat{\beta}} = 2 \cdot X^T \cdot \overrightarrow{y}$

$\Rightarrow \overrightarrow{\widehat{\beta}} = \left(X^T \cdot X\right)^{-1} \cdot \left(X^T \cdot \overrightarrow{y}\right)$

14.11 Lösungen der Aufgaben zu Kapitel 11

14.11.1 Aufgabe 1

$Q^* = \sqrt{\frac{2 \cdot F \cdot D}{h \cdot P}}, F = 1000\ \$; D = 365 \cdot 300 = 109500\ Stück; h = 0,2; C = 500\ \$$

$\Rightarrow Q^* = \sqrt{2190000} \approx 1480\ Stück$

Durchschnittlicher Lagerbestand$=\frac{Q^*}{2} = 740$Stück

Gesamtkosten:

$GK = \frac{1480}{2} \cdot 0,2 \cdot 500 + \frac{109500}{1480} \cdot 1000 \approx 147.986,49\$$

14.11.2 Aufgabe 2

$GK\,(Q = 100, F = 1000) = \frac{100}{2} \cdot 0,2 \cdot 500 + \frac{109500}{100} \cdot 1000 = 1.100.000\ \$$

$Q = 100$ Stück$, ges.: F^*$

$Q^* = \sqrt{\frac{2 \cdot F \cdot D}{h \cdot P}} \Rightarrow {Q^*}^2 = \frac{2 \cdot F \cdot D}{h \cdot P} \Rightarrow F = \frac{{Q^*}^2 \cdot h \cdot P}{2 \cdot D} \approx 4,57\$$

14.11.3 Aufgabe 3

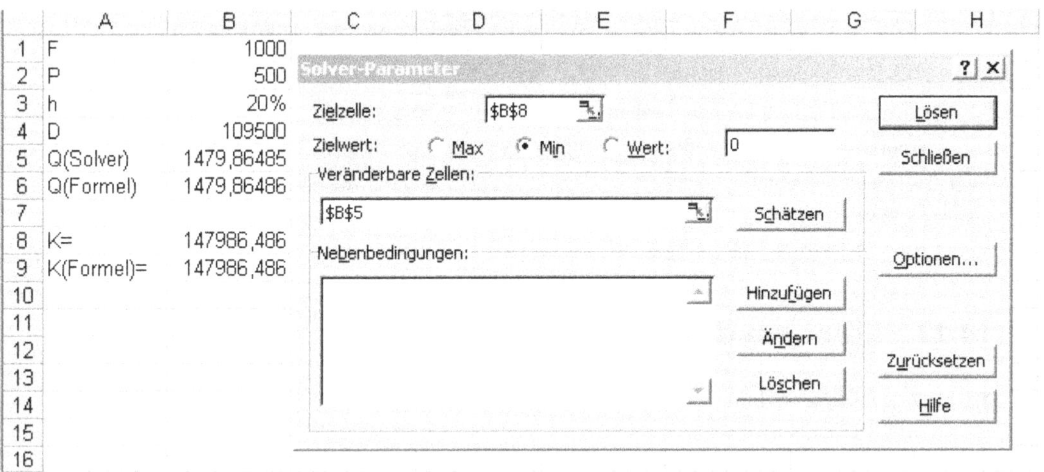

Abbildung~14.10: Screenshot der Solverlösung

14.11.4 Aufgabe 4

1. Fixe Bestellkosten steigen: Jede Lieferung wird teurer, daher wird seltener bestellt und somit muss bei jedem Auftrag mehr bestellt werden. Dies führt zu einer höheren optimalen Bestellmenge.

2. Lagerhaltungskostensatz steigt: Die Bestellung auf Lager zu halten wird teurer, daher wird weniger auf Lager gehalten und versucht, die Ware möglichst zeitnah zur Lieferung zu verbrauchen. Das senkt die optimale Bestellmenge.

3. Einkaufspreis der Produkte steigt: Dies erhöht ihren Wert und somit das gebundene Kapital. Es hat die gleichen Effekte wie eine Erhöhung des Lagerhaltungskostensatzes.

14.11.5 Aufgabe 5

Folgendes Tableau fasst die Lage zusammen:

	Lieferant 1	Lieferant 2
D	$100 \cdot 12 = 1.200$	$100 \cdot 12 = 1.200$
h	10%	10%
P	2	1
F	200	400

Nun wird nur noch die jeweils optimale Menge und die daraus resultierenden Kosten berechnet.
$Q_1^* = \sqrt{\frac{2F \cdot D}{h \cdot P}} \approx 1549,19 \Rightarrow K\left(Q_1^*\right) = \frac{1200}{1549,19} \cdot 200 + \frac{1549,19}{2} \cdot 10\% \cdot 2 \approx 2709,84$ EUR
$Q_2^* = \sqrt{\frac{2F \cdot D}{h \cdot P}} \approx 3098,38 \Rightarrow K\left(Q_1^*\right) = \frac{1200}{3098,38} \cdot 200 + \frac{3098,38}{2} \cdot 10\% \cdot 2 \approx 1509,84$ EUR
Alternative 2 ist zu wählen, da sie deutlich niedrigere Kosten aufweist.
Die Bestellmengen sind höher als die Nachfrage, was bedeutet dies?
$\rightarrow$Im Fall des 2. Anbieters beträgt der Bestellzyklus (Abgabe der Bestellung bis Abgabe der nächsten Bestellung) circa $\frac{3098}{1200} \approx 2,6$ Jahre. Gerade bei verderblicher Ware sollten wir nach einem Anbieter suchen, dessen Bestellzyklus kürzer ist.

14.12 Lösungen der Aufgaben zu Kapitel 12

14.12.1 Aufgabe 1

$min\ C = \sum_{j=1}^{3} \sum_{i=1}^{3} c_{ij} x_{ij}$
$s.c.\ \sum_{j=1}^{3} x_{ij} \leq K_i$
$\sum_{i=1}^{3} x_{ij} = D_j$
$x_{ij} \geq 0$
$i = 1, .., 3; j = 1, ..., 3$
Die Eingabe in den Solver ist identisch mit der im Musterbeispiel.
Es ergeben sich Kosten in Höhe von 240 Euro.

14.12.2 Aufgabe 2

Eingabe in LINGO:

```
min=2*x11+4*x12+6*x13+9*x21+6*x22+3*x23+7*x31+5*x32+8*x33;
x11+x12+x13 <=25;
x21+x22+x23 <=25;
```

	A	B	C	D	E	F
1	Transportkosten					
2		Italia	Roma	Bologna		
3	Aldi	2	4	6		
4	Spar	9	6	3		
5	Norma	7	5	8		
6						
7	Entscheidungsvariablen				Summe	K_i
8		0	0	0	0	25
9		0	0	0	0	25
10		0	0	0	0	25
11	Summe	0	0	0		
12	D_j	10	25	30		
13						
14	Kosten	0				

Abbildung~14.11: Excelsheet des Transportproblems

x31+x32+x33 <=25;
x11+x21+x31>=10;
x12+x22+x32>=25;
x13+x23+x33>=30;
Das Ergebnis stimmt in allen Variablen überein.

14.12.3 Aufgabe 3

min=2*x11+4*x12+6*x13+9*x21+6*x22+3*x23+7*x31+5*x32+8*x33;
x11+x12+x13 <=25;
x21+x22+x23 <=25;
x31+x32+x33 <=25;
x11+x21+x31>=10;
x12+x22+x32>=31;
x13+x23+x33>=28;
Es ergibt sich folgende Lösung:
$x_{11} = 10; x_{12} = 12; x_{13} = 3$
$x_{21} = 0; x_{22} = 0; x_{23} = 25$
$x_{31} = 0; x_{32} = 19; x_{33} = 0$

14.12.4 Aufgabe 4

Einschränkende Bedingung: Jede Pizzeria soll ihre Ware von nur einem Supermarkt beziehen.
$min\ C = \sum_{j=1}^{3} \sum_{i=1}^{3} c_{ij} x_{ij}$

$s.c. \sum_{j=1}^{3} x_{ij} \leq K_i$

$\sum_{j=1}^{3} x_{ij} \cdot y_{ij} = D_i;\ i = 1,..,3$

$\sum_{i=1}^{3} y_{ij} = 1;\ j = 1,..,3$

$y_{ij} \in \{0; 1\}\ ;\ i, j = 1,..,3$

$x_{ij} \geq 0$

14.12.5 Aufgabe 5

Einschränkende Bedingung: Jede Pizzeria bezieht ihre Ware von einem anderen Supermarkt (das heißt, dass jeder Supermarkt maximal eine Pizzeria beliefert. Es kann Supermärkte geben, die gar keine Pizzeria beliefern.)

$min\ C = \sum_{j=1}^{3} \sum_{i=1}^{3} c_{ij} x_{ij}$

$s.c. \sum_{j=1}^{3} x_{ij} \leq K_i$

$\sum_{j=1}^{3} x_{ij} \cdot y_{ij} = D_i;\ i = 1,..,3$

$\sum_{j=1}^{3} y_{ij} \leq 1;\ j = 1,..,3$

(Hier der Unterschied: Der „Abnehmer-Index" j statt des "Lieferanten-Index" i)

Unterschied zu Aufgabe 4: Nicht von einer Quelle, sondern zu maximal einem Ziel.

$y_{ij} \in \{0; 1\}\ ;\ i, j = 1,..,3$

$x_{ij} \geq 0$

Sachwortregister

Literaturverzeichnis

[1] Bartsch, Hans-Jochen

„*Taschenbuch mathematischer Formeln*", 19. Auflage, Fachbuchverlag Leipzig, 2001.

[2] Chopra, Sunil & Meindl, Peter

„*Supply Chain Management - Strategy, Planning and Operation*", 3. Auflage, Prentice Hall, Englewood Cliffs (NJ), 2006.

[3] Dixit, Avinash K. & Nalebuff, Barry J.

„*Spieltheorie für Einsteiger - Strategisches Know-how für Gewinner*", Schäffer-Poeschel, Stuttgart, 1997.

[4] Dürr, Walther & Kleinbohm, Klaus

„*Operations Research - Lineare Modelle und ihre Anwendungen*", 3. Auflage, Fachbuchverlag Leipzig, 1992.

[5] Gohout, Wolfgang

„*Operations Research*", 3. Auflage, Oldenbourg, München, 2007.

[6] Greene, William H.

„*Econometric Analysis*", 5. Auflage, Pearson Education, Upper Saddle River (NJ), 2003.

[7] Gujarati, Damodar N.

„*Basic Econometrics*", 4. Auflage, McGraw-Hill, New York (NY), 2003.

[8] Laux, Helmut

„*Entscheidungstheorie*", 7. Auflage, Springer, Berlin, 2007.

[9] Ohse, Dietrich

„*Mathematik für Wirtschaftswissenschaftler I*", 5. Auflage, Vahlen, München, 2002

[10] Ohse, Dietrich

„*Mathematik für Wirtschaftswissenschaftler II*", 4. Auflage, Vahlen, München, 2000.

[11] Ohse, Dietrich

„*Quantitative Methoden der Betriebswirtschaftslehre*", Vahlen, München, 1998.

[12] Pindyck, Robert S. & Rubinfeld, David L.

„*Microeconomics*", 6. Auflage, Prentice Hall, Englewood Cliffs (NJ), 2000.

[13] Schlittgen, Rainer

„*Einführung in die Statistik*", 9. Auflage, Oldenbourg, München, 2000.

[14] Schlee, Walter

„*Einführung in die Spieltheorie*", Vieweg, Wiesbaden, 2004.

[15] Schwarze, Jochen

„Projektmanagement mit Netzplantechnik", NWB Verlag, Berlin, 2006.

[16] Stiefl, Jürgen

„*Wirtschaftsstatistik*", Oldenbourg, München, 2006.

[17] Varian, Hal

„*Grundzüge der Mikroökonomik*", 5. Auflage, Oldenbourg, München, 2001.

[18] Werners, Brigitte

„*Grundlagen des Operations Research*", Springer, Berlin, 2006.

[19] Wöhe, Günter

„*Einführuing in die Allgemeine Betriebswirtschaftslehre*", 21. Auflage, Vahlen, München, 2002.

www.ingramcontent.com/pod-product-compliance
Lightning Source LLC
Chambersburg PA
CBHW081103220326
41598CB00038B/7215
* 9 7 8 3 4 8 6 5 9 0 8 2 1 *